www.ingramcontent.com/pod-product-compliance
Lightning Source LLC
LaVergne TN
LVHW051737080426
835511LV00018B/3117
* 9 7 8 0 6 4 5 0 0 8 5 3 1 *

ديوان قصائد (هايكو)

هارمونيكا

ديوان قصائد (هايكو)

هارمونيكا

الهايكست: سرهد هوزايا

ملبورن ٢٠٢١

فكرة الغلاف: مخلص خمو

التصميم الداخلي: مخلص خمو - Take Off Design

طباعة: Take Off Design, Melbourne

Poems Collection: Harmonica
By Haikist: Sarhad Hozaya
First Edition, Melbourne - Australia 2021
ISBN(s): 978-0-6450085-3-1
Cover by: Mukhlis Khamo
Layout Setting & Design: Take Off Design
Printing by Take Off Design, Melbourne 2021
Copyright © Sarhad Hozaya
Photos on front cover & back cover are free royalty images

A catalogue record for this
work is available from the
National Library of Australia

NATIONAL LIBRARY OF AUSTRALIA

National Library of Australia Cataloging-in-Publication Data
Title: Harmonica: Haiku Poems Collection
Ref. No. NLApp95864 | ISBN(s): 978-0-6450085-3-1

This book is copyright. Apart of any fair dealing for the purposes of
private study, research, criticism or review as permitted under the
Copyright Act 1968, no part may be reproduced by any process without
written permisson. Enquiries should be made to Mr. Sarhad Hozaya

Printed by
Mukhlis Khamo
Take Off Design
4 Peddar Way
Craigieburn VIC 3064
Australia

take off design
graphic design & printing services

ܚܘܪ ܚܘܓܬܗܐ (ܗܝܟܘ)

ديوان قصائد (هـايكـو)
هـارمـونيكا
الهايكست: سرهد هوزايا

ܥܘܗܕܢܐ

إهداء

ܠܚܘܒܐ

إلى المحبة

ه ܠܟܠ ܡܢ ܕܝܠܦ ܐܬܘܬܐ ܕܚܘܒܐ ܕ ܚܘܒܐ

ولكل من يُعلِّمُ حرفاً عن المحبةِ

ܠܒܢܝ ܒܝܬܘܬܝ

إلى عائلتي

الشكر والتقدير

شكر خاص للأديب الأستاذ محمود الرجبي لتقديم ديواني هذا بأفضل حُلة، وكذلك لقراءته لقسط كبير من النصوص الموجودة في الكتاب بحكمة ودراية فائقتين.
كل الاحترام والتقدير لك صديقي الحبيب.

والشكر والتقدير للشاعر والمترجم الأستاذ حسني التهامي، الذي لم يتوان في تقديم العون والاسراع لإبداء رأيه الصريح وللتأويلات القيمة لبعض النصوص.
لك مني كل الاحترام والمحبة صديقي الغالي.

والشكر والتقدير لأخي وصديقي سيزار الذي أبدى رأيه الصائب في إخراج الكتاب بأبهى صورة.
محبتي الدائمة.

 ـ .

المقدمة

إرتأيت التوغل في مضمار القصيدة الأقصر في الأدب، لمحبتي العميقة للحكمة والفلسفة والإنسانية والطبيعة.. وبالطبع للبساطة.

عشقت الهايكو لأنه كل هذا وأكثر. إذ أنك ترى بعين المحبة جمالاً في أي قبح، مهما طغى، فلا تتوقف، بل تعبر عنه بحسٍ روحي، مغلف بكلماتٍ، معدودة، بسيطة، عميقة.

ولولعي بالهايكو، ولترحاله، أصلياً، مترجماً، ومبتدعاً، في مكتبات العالم، ولإفتقار مكتبتنا السريانية لهذا النوع من الأدب، إبتغيت تعريف قراء السريانية به، وكلي أمل بأن أزرع بذرة، في جنينتنا الجميلة.

عسى أن يكون جهدي المتواضع هذا، عوناً وفائدة، لمن يروم الغوص في أعماق البحر، لينتقي لؤلؤة وينهي ألم محارة.

ولسبر غور هذا الفن الراقي، عليك البدء بهذه اللحظة (الآن).

بنفخةٍ تتوارى
زهرة الهندباء،
أمنية طفل

سرهد هوزايا

ديوان هارمونيكا

(فن إيقاف الزمن للشاعر سرهد هوزايا)

تقديم الأستاذ محمود الرجبي

الهايكو فن إيقاف الزمن للحظة عابرة سريعة جداً، تبدأ وتنتهي في الوقت نفسه أمام عيني الشاعر، ولكنها تترك خلفها ندبة في داخل فضاء الإنسان المليء بمجرات لا تنتهي، وتزينها ملايين نجوم الذكريات الساطعة والخافتة الحية والميتة، ومليارات كواكب الأحاسيس والمشاعر الثابتة والعابرة بالإضافة إلى أقمار التجارب والمعرفة المتراكمة، وهذه الندبة تظل تتسع وتتسع حتى تصبح ثقبا أسود بحجم كون صغير يتشكل ويتغير كل لحظة خارج مفهوم الزمن والتوقيت الأرضي!!

هذا الثقب الأسود في الإنسان يظهر في بؤبؤ العينين مهما كان لونهما، ويتسع ويضيق عند القبض على لحظة رؤية عابرة تحدث أو تولد أمام البصر، أو تستيقظ فجأة من نومها بفعل منبه البصيرة في الذاكرة أو في الخيال، لإيقاظ الصياد النائم في الروح البشرية لالتقاط أسماك الرؤية في نهر الحياة، بصنارة أو شبك المعرفة المتراكمة، ثم تجهيزها للأكل من قبل الضيوف الزائرين، عن طريق تنظيفها من الجلد الخارجي الذي يخفي جوهرها الحقيقي اللذيذ الكامن فيها، وتبهيرها بنكهة الإيقاع الـداخلي والخارجي، الناتجة عن آهات ممارسة الحب بين الألفاظ وصرخات انجاب المعاني الجديدة، ورش نكهة أعشاب الزمن عليها حسب الموسمية المتوفرة والآنية الحاضرة، ثم شويها على نار اللغة المتوهجة، التي نشعلها بواسطة حطب الإيجاز ووقود البلاغة المستخرج من أرض علم البديع وبواسطة آليات ارتباط الألفاظ ببعضها بعلاقات حب عابرة، لأنها تؤمن بمفهوم التعدد في الزواج، فتتكاثر المعاني اللقيطة التي تتبناها بفرح كل ملاجئ المعاجم ودور رعاية اللغة!!

(9)

هذا الثقب الأسـود في الإنسان خاص بابتلاع الأحـداث والمشاهد العابرة التي لا يلتفت إليها أحد، ولكنه على عكس الثقوب السوداء في مجرات الكون، التي تبتلع الأشياء وتقوم بإخفائها إلى الأبد، إنه يقوم بابتلاع المشهدية الحاضرة أو المشهدية الكامنة التي تتشكل أمامه من جديد، والتي تنجذب إليه بقوة جاذبية البصر أو البصيرة، لغاية تبديلها أو تعديلها أو تحويلها من رؤية حاضرة إلى رؤيا كامنة، واخراجها كمشهدية كاملة أو ناقصة ناتجة عن دمج مشهدين مختلفين لإنتاج مشهدية جديدة تظهر أمام أحاسيسك الثابتة أو أمام حاستك السادسة، أمام جسدك أو أمام روحك فقط، وتظهر هذه المشهدية دائماً بأوجه جديدة متغيرة حسب زاوية الرؤية لها، لذا تتحول مع الزمن إلى مجرة جديدة مليئة حد التخمة بنجوم الحكمة والدهشة والاستنارة التي تضيء ظلام الكون إلى الأبد!!

في هذا الديوان سنتوقف مع بعض اللحظات العابرة التي يحسن سرهد هوزايا صيدها بعين بصره وبصيرته، فهو شاعر يعشق السفر في داخله بسرعة الحزن لأنها أسرع من الضوء في عالم يقدس الأوهام خوفا من الحقيقة المؤلمة، ولكنه يدمن التوقف فجأة بواسطة مكابح العينين التي تتحكم بها مكابح عين البصيرة عند أي مشهد عابر يجري تحت أقدامنا دون ان نشعر به أو حتى نلتفت إليه، أو حتى نحرك ساكنا، إنه جهاز إنذار متقدم لكل الأمور العابرة، التي توغل في جراحاتنا، وننتبه لها متأخرين دائما، إنه منبه صامت لأرواحنا الفاقدة لذاكرة الحقيقة التي تسكن فينا وتختفي في جيناتنا رغما عنا، بعد أن تم تقسيم الروح الواحدة بالتكاثر حسب أعداد أجسادنا الحية

والميتة، إنه منبه يستخدم رنين الدهشة الذي يلغي القدرة على الكلام في أفواه أجسادنا، ويقطف فاكهة الصمت طازجة عن غصون أرواحنا!!

فالدهشة هي الحقيقة الوحيدة في الأدب، وهي التي تملك تأثير الصدمة العابرة على المتلقي، تماما مثل صفعة مباغتة، أو استخدام مفاجئ لمكابح التأمل والتفكير والصمت والفرح والحزن وحتى الألم، وقد ترتدي قناع: الحكمة، المفارقة، الرمزية والغموض، الكشف والتجلي، التضارب والتناقض، وكل ما يبعث فينا الصمت والتوقف والرجوع في لحظة خارج سيطرة الحواس القاصرة!!

إن الأدب دون دهشة، ليس بأكثر من عين كاميرا مراقبة ثابتة أو متحركة تصور طول الوقت، يتم توقيتها وتوجيهها للتسجيل أو لالتقاط الصور من زاوية واحدة، دون تدخل عين المصور بها، ودافع المراقبة في أغلب الأحيان. ليس البحث عن المتعة أو الدهشة، بل الخوف وطلب الحقيقة والأمان، أو طلب الخلود أو الأرشفة، مع أن الحقيقية بحد ذاتها قد تكون متخمة بالدهشة، ولكننا لا نراها لأننا لا نبحث عنها في أساس إشكالية مفاهيمنا حول الرؤية والرؤيا، فنحن في بحثنا عن الحقيقة لا نبحث عن الأجوبة بل الأسئلة، إن الفلسفة بحد ذاتها هي فن البحث عن الحقيقة لا إيجادها، لذا تؤرقنا الحقيقة دائما، فنستبدلها بمهدئات أوهامنا، ونقنع أنفسنا بالخضوع إلى محدودية حواسنا، نعم، إن الأدب دون دهشة ليس أكثر من إعلان مجاني أو مدفوع الثمن في صحيفة عابرة، وليس أكثر من ثرثرة!!

ܡܫܘܚܬܐ ܕ ܗܝܟܘ

ܫܥܪܐ ܘ ܦܘܪܡܐ ܡܫܘܚܬܐ (ܟܝܟܝܓ ܒܐܗܘܓܐ)، ܒܛܘܟܣܐ ܝܦܢܝܐ ܕ ܗܝܟܘ ܠܗܕܝܢ ܡܟܝܪܐ.

ܡܟܣܐ ܡܕܦܢܐ، ܐܝܠܗ ܦܠܚܘܬܐ ܗܕܝܡܘܬܐ ܕ ܕܪܐ ܕ ܗܦܝܢܝܐ، ܗܘ ܕ ܡܫܬܡܗ ܡܕܢܚܝܐ، "ܘܓܢܐ ܕ ܫܥܪܐ"، ܘ ܐܝܠܗ ܘܓܢܐ ܕ ܦܪܣܐ ܕ ܡܫܘܚܬܐ ܟܕܝܡܐ ܡܢ ܡܫܘܚܬܐ ܡܟܫܦܬܐ ܒܕܝܓܬܐ.

ܘ ܡܫܬܘܕܥܝܠܗ ܘ ܡܫܬܡܗܐܝܠܗ ܘ ܙܘܕܝܠܗ ܓܢܣܐ ܦܫܝܛܐ ܕ ܫܥܪܐ ܒ ܕܪܐ ܕ 9 ܘ 10.

ܡܫܘܚܬܐ ܕ ܫܥܪܐ، ܟܝܡܐ ܐܝܠܗ ܡܢ 5 ܦܘܪܫܐ ܘ 31 ܚܕܝܘܬ ܗܠܝܐ (ܗܓܝܓܐ) ܟܡܝܠܐ 5/7/5/7/7.

3 ܦܘܪܫܐ ܩܕܡܝܐ 5/7/5 ܕ ܐܝܬ (ܩܘܡܐ) ܦܬܓܡܐ ܢܝܫܐ ܟܬܒܢܝܐ: ܟܐܡܝ-ܢܘ-ܟܘ (ܡܟܝܢܐ).

ܘ 2 ܦܘܪܫܐ ܐܚܪܝܐ 7/7 ܦܬܓܡܐ ܢܝܫܐ: ܫܝܡܘ ܢܘ ܟܘ (ܐܚܪܝܐ).

ܘ ܐܝ ܒܫܠܡܘܬ ܠܘܚܡܐ ܕ ܫܥܪܐ ܟܗܢܝܐ ܟܝܢ ܦܘܠܚܢܐ ܡܫܬܡܠܝܐ ܡܢ ܕܪܐ ܕ 10 ܟܬܒܘܬ:

ܐܘܐ ܢܠܡܐ، ܟܝܠܗ	konoyo woba
ܐܝܠܗ ܟܠܡܝ، ܒܫܡܝܐ	wagayo tozo omou
ܡܠܟ ܫܘܪܐ ܦܠܚܐ ܐܝܠܗ	mochizuki no
ܠܐ ܚܟܝܪ ܒ ܠܘܟܬܐ	kaketaru koto mo
ܐܢܝ ܕܝ	nashi to omoe ba

ܡܢ ܠܘܚܡܐ ܕ ܠܠܝܐ، ܐܝܟܢ ܕ ܟܠܗܘܢ ܚܕܝܘܬ ܗܠܝܐ ܕ ܟܠ ܦܘܪܫܐ ܒ ܦܬܝܠܘܬܐ ܐܢܝ:

ܚܡܫܐ ܗܓܝܓܐ	ko-no-yo-wo-ba
ܫܒܥܐ ܗܓܝܓܐ	wa-ga-yo-to-zo-o-mou

mo-chi-zu-ki-no	
ka-ke-ta-ru-ko-to-mo	
na-shi-to-om-oe-ba	

ه لـيـحمّة، بكَه د ذُهوس لـةُمحه لـمـح مثّكَةِ د هَٔمثةِ، خِد هَٔمثةِ بكَه حِدّْثةِ، ه مِيه مـمـمّكَه دمـمّكَةِ، ه جِحذ مِ ةُمحه. ه ةد لـيـحمّةِ بكَه كـ قمّمةِ د هٔمـا قمّمةِ ةـ هفذمّمِيـد ـ ـلـجكـمّةِ د لـهـمـه:

ةُمحه	هَٔمثةِ	
ذُذَ 17	ذُذَ 8	هـعمـمّةِ
3	5	هـمّ مـلـمِ
17	13	مّجمـم مّلـمِ
5/7/5	7/7/5/7/5	فـكـكـةِ ذِه هٔجذهَٔةِ د مّجمـم مّلـمِ
مّمّذ مـلـمِ	كـ مّمّذ مـلـمِ	حمـلـه ذِه مِيلـمِ دمحمّذ كـ ذمّمّمّجـةِ

كـحُهكـه ةُمحه دّمـجـمـمِ لـه ةـمِّ، قـدـمّمـمِ حـم مـمّةِ لـمّمـةِ مـمّمّةِ جـمّمّمّةِ، كـ ذِمـح هَٔمثةِ د مـمّةِ د حـجكـمّةِ كـ حمـمّمّةِ ه ذمّمّمّةُهمّمّةِ ه لـجذّةِ د مـمّلـمّمّةِ.

ه حِم قـمّممّذَ مّمّمّمّمّ د ةُمحه ةـجذّجمّمـمّم:

مّمّهمّهه ةـلـمّه	1644 – 1694
مّمّمّةِ مـمّهمّ،	1716 – 1784
مّمّمّمّـمّمّمّمّ لـجمّةِ	1763 – 1828
مـلـجمّهمّمّمّ همّمّجمّمّ	1867 – 1902
مّلـمّمّمّمّمّمّمّمّ جمّمّمّمّ	1874 – 1959
مـلـمّمّمّمّذَمّ حمّهمّمّمّ	1901 – 1983
لـمّمّجذّمّ مّلـمّمّحه	1913 – 1969

(14)

ܛܘܦܣܐ ܕ ܗܝܟܘ ܟܬܝܒܬܐ ܒܝܕ ܡܠܦܢܐ ܪ̈ܒܐ ܡܐܬܣܘ ܒܐܫܘ:

Hatsu shigure saru mo komino o hoshige nari

ܗܘ ܐܦܐ ܛܘܦܣܐ ܒ ܫܘܚܣ 3 ܣܛܪ̈ܐ

Hatsu shigure

saru mo komino o

hoshige nari

ܢܫܒ ܦܠܓ̈ܐ 5/7/5

hat-su-shi-gu-re

sa-ru-mo-ko-mi-no-o

ho-shi-ge-na-ri

ܘ ܕ ܦܫ ܡܬܘܪܓܡܬܐ ܐܝܟ:

ܩܕܡܐ ܡܛܪ̈ܐ
ܐܦ ܩܘܕܐ
ܚܣܝܪܐ ܝܠܗ ܠܦܪܘܬܟ̈ܐ

ܗܕܟܝܠܗ ܛܘܦܣܐ ܘ ܐܬܐ ܕ ܡܥܘܫܬܐ ܕ ܗܝܟܘ ܝܦܢܝܬܐ، ܡܠܦܢܐ ܪܒܐ ܡܐܬܣܘ ܒܐܫܘ 1644 - 1694، ܗܘ ܕ ܐܝܬܘܗܝ ܠܗ ܐܒܐ ܪܒܐ ܒܡܫܬܘܕܥܘܬܐ ܕ ܡܥܘܫܬܐ، ܘ ܡܫܬܒܚܐ ܠܥܠܡܐ ܡܠܟܫܢܐ.

ܣܥܝܬܐ ܡܢܗ ܠܡܬܘܪܓܡܢܐ ܕ ܡܥܘܫܬܐ ܡܠܟܫܢܝܬܐ ܕ ܗܝܟܘ ܐܡܠܢ ܛܘܦܣ̈ܐ ܕܡܢܝܢܐ ܐܝܟ:

(16)

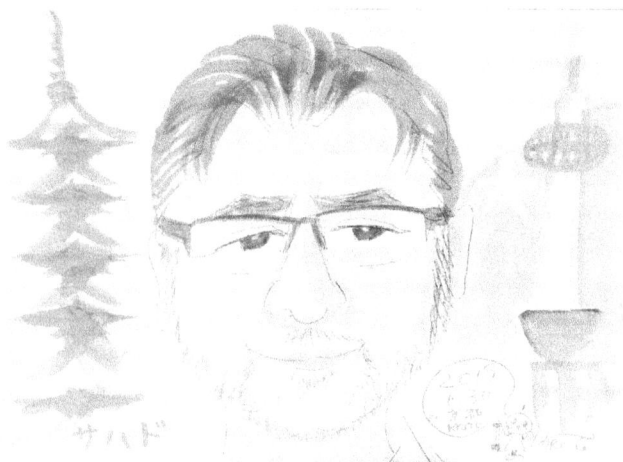

サハド

ه حد ملِه ،
(**19**)

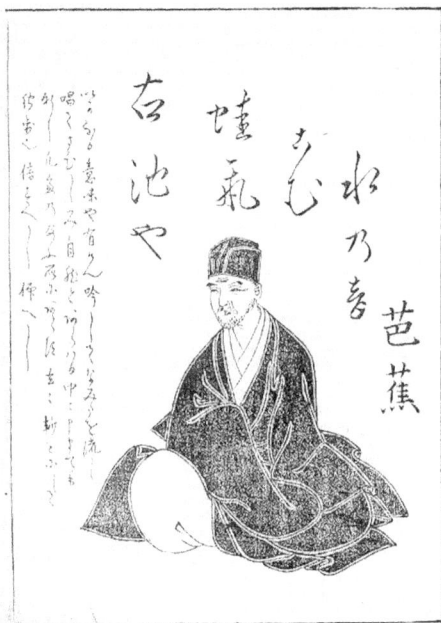

古池や
蛙飛びこむ
水の音

芭蕉

ܡܬܬܠܚܐ ܡ ܠܚܝܐ

(سرينها من العربية سرهد هوزايا)

ܦܘܿ ܠܓܒܥܝ ܣܢܕܬܐ
ܠܒܐ ܡܢܕܚܐ
ܣܒ ܠܕܢܝܘܟܠ ܠܣܙܬܐ

ܣܘܡܐ ܥܕܐܬ̈ܢܐ
ܒܝܕ ܗܘܗܒܝ
ܠܠܢܝ̈ܣܐ ܠܠܢܒܚܐ

(1694 - 1644 ܗܢ ܬܢܘܗܐܬ̈ܐ)

....

ܒܥܐܕ ܡܠܠܐ ܕ ܘܡܕܒܪܐ
ܚܒܐ ܒܢܝܢ ܬܚܠܣܘܕܒܘܐ
ܠܗ ܡܬܐ ܕ ܠܠܐ

ܣܠܟ ܣܘܒܐ ܘ ܗܣܘܗܐ
ܗܝܢ ܠܓܕܒܐ ܘ ܠܟܒܢܠܗ ܘܒܢܐ،
ܠܝܚܒܘܢ

(ܡܐܗܠܘܕܐ ܪܝܒܚ 1867 - 1902)

....

ܩܠܐ ܕ ܬܒܗܕܐܝܘ ܕ ܠܝܘܒܐ
ܠܝܥ ܩܠܐ ܕ ܡܗܓܝܢܝ
ܠܗ ܩܠܝܠܝ ܕ ܓܝܠܝܘ ܠܗ̈ܝ ܗܘܠܗ̈ܝ

ܠܗܕܩܝ ܠܩܣܠܝ
ܒܘܿܬܩܕ ܡܝ ܡܠܚܕܝܘ
ܡܢ ܗܐܩܣܒ ܠܗ ܦܕܝܣܝ

(1784 - 1716 ܝܘܗܠ ܒܘܗܘ)

....

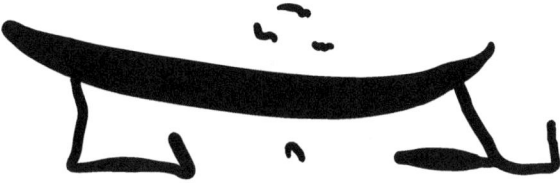

ܟܘܪܚܬܐ
ܗ. ܘܝܚܐ

ܟܒܩ
ܡܚܘܝܕܝ ܝܘܣ

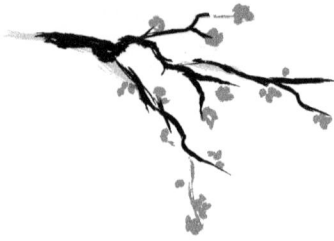

(1)

ܐܘܕܝ ܦܩܝܕ،
ܗ ܝܬ ܡܠܟ
ܬܩܠܬ

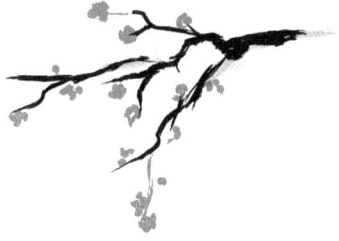

(2)

ܚܡ ܢܥܡ ܘ ܢܓܬܢ̈،
ܡܚܬܩܬܐܒ
ܒܦܬܝܢ ܠܟ ܗܘܕܢܐ

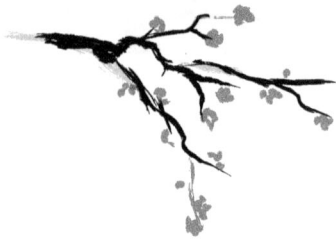

(3)

يِدَۭ۫ۺ۫ۦۨ ܠܓܶܕ ܩ۫ܶܪ۫ܗ،

ܐ۫ܡܝ ܓ۫ܠܟ۫ܐ

ܠܓܸܕ ܩ۫ܒܸܕ۫ܐ ܕ ܩ۫ܝܗ

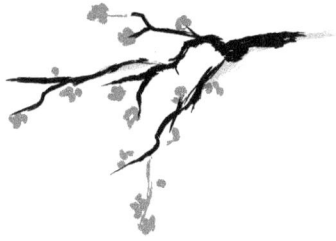

(4)

ܦܠܓܬܐ ܗ ܕܘܣܝ،
ܕܐܝܟ ܚܬܚܒ
ܠܓܘܢܐ ܕ ܦܓܬܐ؟!

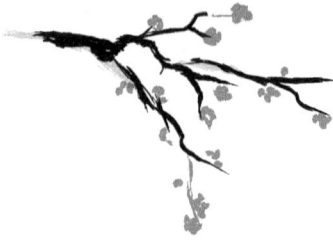

(5)

ܩܠܝܕ ܕ ܬܘܚܡܝ،
ܩܝܢܐ ܣܝܘܗ
ܢܡܠܐ ܕ ܦܘܝ

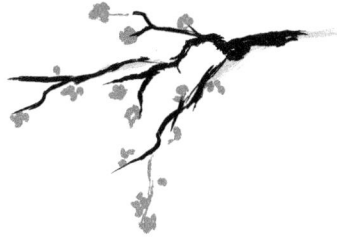

(6)

ܡܶܢ،

ܢܳܒܰܥ ܕܘܳܒܳܠ ܕ ܘܳܡܘܡܢܳܬܶܗ

ܝܶܡܢܳܟܳܡܳܐ ܕ ܩܳܗܘܡܳܬܶܗ

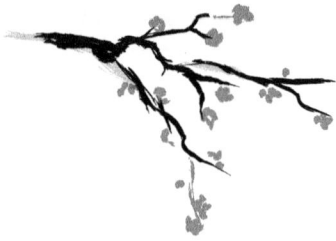

ܕܝܚܐ ܗܿܒܵܐ،
ܠܝܼ ܕ ܝܲ ܗܿܕܟܐ
ܘܩܿܬܚܝܐ

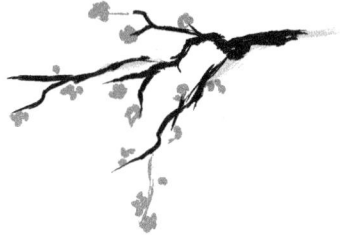

(8)

ܫܒܝܚܘܼܬܼ ܚܘܿܕܼܢܘܼܗܝ،

ܚܠ ܣܒܵ ܟܼܝܼܗ

ܚܣܒܵ ܝܼܬܼܒ

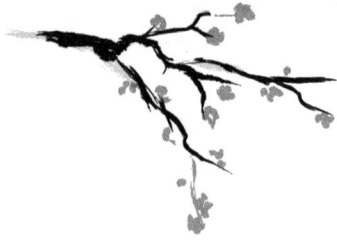

(9)

يِـنـتـا هـكـبـثَا،
ؤُمِيم لِـمـدَّا لِيمِجـه
دُّجـذ جَـذَمـلـا

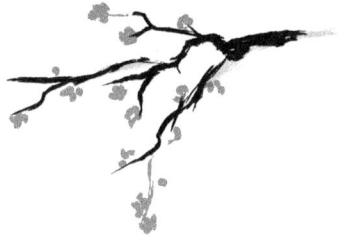

ܠܘ ܩܕܝܣܘܬܝܟܝ

ܢܚܙܐ ܠܐ ܒܘܕܩܐܝ ܩܬܕܐܝ

ܗܢ ܒܐܝܒܐܝܒ ܢܐܠܐ ܟܝܡܗܝ؟

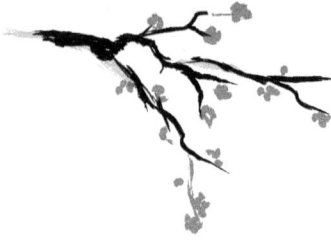

ܠܒܝܫܐ،
ܩܕ ܚܬܝܬܐ
ܐܝܟ ܓܕ ܕܓܘܪ ܡܢ ܚܡܬܐ

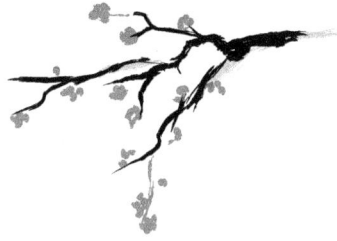

(12)

ܬܡܒܓܐ ܘܚܘܕܘܐ،
ܕܠܐ ܒܚܦܠܐ، ܘܠܐ ܕ ܒܓܠܐ
ܐܝܒܐ ܗܘܘܗܢܐ

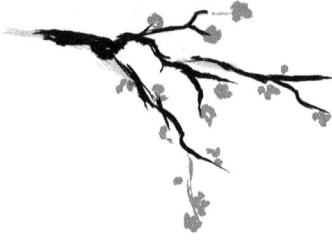

(13)

سوه يجموتْ
لهِبكَ،
وكفِ

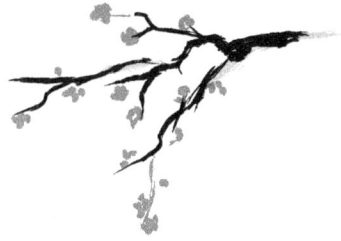

(14)

ܗܘܒܙܐ،
ܚܒܪ ܕܡܚܙܐ ܢܓܚܣ
ܘ ܠܐ ܩܠܒ ܠܘܪܟܐ

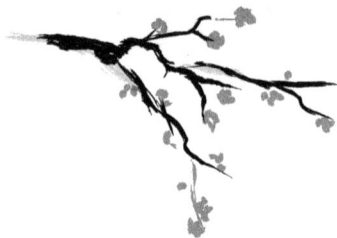

(15)

ܠܟܝܒܐ ܕ ܣܘܒܐ،
ܠܗ ܘܚܠܐ
ܕܒܪܐ ܕ ܚܬܟܐ ܕܠܟܬܕ

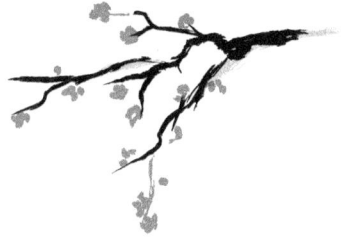

(16)

ܕܪܟܘܒܚܗ،
ܡܢ ܠܝܩܗ ܡܕܡܝܢ ܕ ܝܗܠܟܢ
ܠܟܕܩܝ ܘܒܕܝ

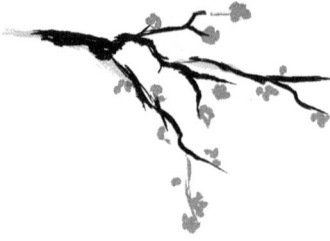

ܣܲܒ݂ܪܵܐ ܝܲܩܝܼܪܵܐ،
ܫܲܘܕܲܥ ܚܲܝܹܐ ܒܩܸܨܲܣ
ܕܘܼܩܵܐ ܕ ܣܵܘܬܵܐ

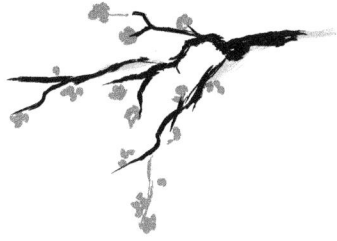

(18)

وڏمكَݖ ܓ ܝܿܡܬ݂ܐ،
ܥܕ݁ܪܼܓ ܠܗܒܓܹ
ܠܡܠܐ ܒܗܕ݂ܐ

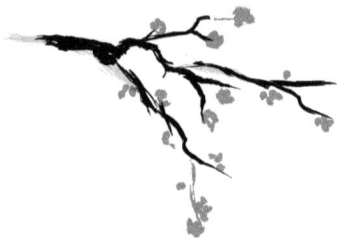

ܝܘܠܦܢܐ،

ܐܣܡܘܝܬ ܗܘ، ܚܣܟܘܬܬ

ܡܕܡ ܗܡܘܦܟܢ ܕ ܒܚܢ

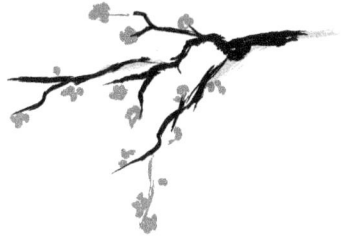

(20)

ܣܘܩܬܝܢ ܕ ܗܓܚܡ،
ܒܩܼܝܡܒܕ ܝܩܠܕ
ܚܢܬܬܢ ܚܠܐ ܙܘܢܢܩܘ

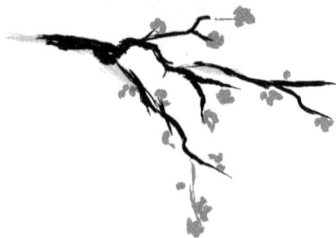

(21)

ܬܘܿܦܬܐ،

ܠܠܐ ܚܘܕܐ ܕ ܝܢܐ ܒܠܗܝܒ
ܩܕܘܝܥ ܕ ܗܢܘܢܒܓܐ

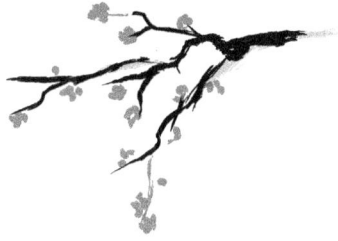

(22)

لَمَ ذَهْدَهُ دِ يَتَدَهُ،
مُ يَتَدا دِ ەهِیا
ݲُسھب ەهِیا

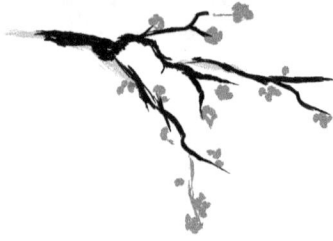

ܬܘܠܝܬܐ،
ܩܕܡ ܕ ܝܓܣܩܢܐ
ܟܐ ܚܡ ܡܓܕܢܐ

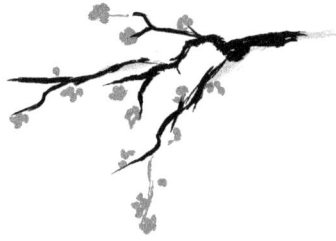

(24)

يـعـجـل،
مِ بْتخْا د وِّبَدمەجا
بڤيا دجسْما

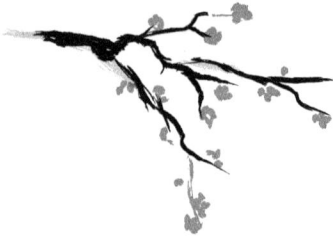

(25)

ܚ݁ܘܦܢܐ،
ܩܘܚܐ ܩܒܝ ܠܟܐ ܢܗܢܐ
ܒܛܝܠܝ ܝܣܡܐ

أصول الهايكو

تعود أصول الهايكو بحسب كينيث ياسودا والذي يعتبر حجة في شعر الهايكو إلى فترتين تاريخيتين، الفترة الأولى بدأت في النصف الثاني من القرن الثامن، وسميت بفترة التانكا، وهي التسمية التي أطلقت على القصيدة القصيرة لتمييزها عن القصيدة الكلاسيكية الطويلة. وقد ازدهر وطغى هذا الجنس الشعري في القرنين التاسع والعاشر. والتانكا هي قصيدة تتكون من خمس أسطر أو مقاطع مقسمة على 31 وحدة صوتية بالنسق التالي 5\7\5\7\7. سميت المقاطع الصوتية 5\7\5 بالتعبير العلوي كامي-نو-كو (وهو أيضا الهوكو). والمقاطع الصوتية 7\7 بالتعبير السفلي شيمو – نو – كو.

نسرد هنا مثالاً باللغة اليابانية الأصلية على قصيدة التانكا كتبت من قبل فوجيوارا ميشي الذي عاش في القرن العاشر الميلادي:

هذا العالم، كله	Konoyo woba
هو عالمي، على ما اعتقد	Wagayo tozo omou
لأن القمر الكامل	Mochizuki no
لا يمر بالمحاق (يتناقض)	Kaketaru koto mo
مثلي	Nashi to omoe ba

وممكن تتبع وحداتها الصوتية في كل مقطع (أو سطر ان صح التعبير) ببساطة من خلال قراءتها، فتكون على النحو التالي:

خمس وحدات	Ko-no-yo-wo-ba
سبع وحدات	Wa-ga-yo-to-zo-o-mou
خمس وحدات	Mo-chi-zu-ki-no
سبع وحدات	Ka-ke-ta-ru-ko-to-mo
سبع وحدات	Na-shi-to-o-mo-e-ba

أما الفترة الثانية التي يشير اليها ياسودا، فهي الرينغا وهي فترة تطور هذا الجنس الشعري وتحوله إلى مبارزة شعرية كانت تتشكل بأن يجتمع شاعران أو أكثر، يشتركون بتأليف قصيدة الرينغا، فتبدأ بمقطع هوكو الذي يتكون من 5\7\5، يشير عادة إلى مكان وزمان التجمع، يليه مقطع بـ 7\7، وعادة ما يكتب هذا المقطع الشعري الأول 5\7\5\7\7 من قبل الشاعر المضيف. يليه شاعر آخر يسترسل بنفس الوتيرة 5\7\5\7\7، وهكذا إلى ان يشارك بها كل من كان حاضرا من الشعراء سواء كانوا اثنين أو أكثر. ازدهر هذا النوع في القرون الرابع عشر إلى السادس عشر.

في القرن السابع عشر، قدم ماتسو باشو شكلا شعريا أقصر وأكثر اختصارا، فكان أن قدم الهوكو (وهو المقطع الشعري الاستهلالي في قصيدة التانكا المكون من 3 مقاطع فقط على النسق 5\7\5) كنص شعري مستقل متبلور من التانكا أساسا، على ان يحتوي على خصائص معينة تميزه عن بقية الأشكال الشعرية الأخرى، فكان ان اشترط في نص الهايكو ان يحتوي على الـ (كيغو) والتي يمكن الاصطلاح عليها بالموسمية، وهي المفردات التي تعبر

أو ترمز إلى فصل معين، كأن تكون شتاء (مطر، ثلج) أو زهرة (للربيع) وهكذا.

وكـان يسمى هذا الجنس الشعري الحديث في وقته، بالهايكاي حتى القرن التاسع عشر، اذ استحدث الكاتب ماساؤوكا شيكي الاصطلاح الجديد (الهايكو) وهي كلمة مكونة من (هوكو) المقطع الاستهلالي في قصيدة الرينغا، و (هايكاي) التي تعني الأبيات. وأن صح التعبير هنا فأنه يمكن اعتبار الهايكو حفيدا للتانكا. كون ان التانكا هي الأصل، ومنها انبثقت الرينغا، وبعدها الهايكو.

	التانكا	الهايكو
تاريخه	القرن الثامن	القرن السابع عشر
مقاطع (ان كانت باليابانية) أو أسطر في حال ترجمتها	5	3
وحدات صوتية	31	17
تقسيم الوحدات الصوتية	5\7\5\7\7	5\7\5
كيغو أو مفردة تعرب عن الفصول	غير مشترط	مشترط

أخذ الهايكو بالانتشار سريعا، خصوصا وانه تميز بكونه جنس شعري مكتوب من قبل عامة الشعب، على عكس التانكا الذي تخصص به النبلاء والاباطرة، ووجهاء الدولة اليابانية. وبرع فيه الكثيرين نذكر منهم:

- ماتسو باشو 1644- 1694
- يوسا بوسون 1716- 1784
- كوباياشي أيسا 1763- 1828
- ماساوكا شيكي 1867- 1902
- ناتسومي سوسيكي 1867- 1916
- تاكاهاما كيوشي 1874- 1959
- ناكامورا كوساتاو 1901- 1983
- ايشيدا هاكيو 1913- 1969

رغم انتشاره وتطوره، إلا ان الهايكو الكلاسيكي حافظ على خصائصه الرئيسية، والمثال أدناه من الهايكو الياباني لماتسو باشو، يبرز الخصائص الرئيسية:

hatsu shigure saru mo komino o hoshige nari

فيه نرى انه مكون من ثلاث مقاطع

hatsu shigure

saru mo komino o

hoshige nari

وعلى النسق 5\7\5

Hat–su-shi-gu-re

Sa-ru-mo-ko-mi-no-o

Ho-shi-ge-na-ri

والذي يترجم على النحو التالي:

أول أمطار الشتاء

حتى القرد

بحاجة إلى معطف

يكتب الهايكو في اللغة اليابانية بسطر عمودي واحد، أي من الأعلى للأسفل. أما في الإنكليزية فيكتب الهايكو في ثلاثة أسطر لكي يتماشى مع الأقسام الثلاثة لقصيدة الهايكو في اللغة اليابانية...

وتَذكرُ جَين ريجهولد (وهي شاعرة هايكو أميركية معروفة) ثلاثة وعشرين أسلوبًا لكتابة الهايكو وتذكر أمثلة لكل أسلوب.

وأهم هذه الأساليب: أسلوب المقارنة، وأسلوب التقابل، وأسلوب التداعي، وأسلوب اللغز، وأسلوب تغيير المعنى، وأسلوب تشديد التركيز، وأسلوب المجاز، وأسلوب التشبيه، وأسلوب التورية، وأسلوب اللعب بالكلمات، وأسلوب استبدال الأفعال والأسماء، وأسلوب التناقض، وأسلوب المرح...

ماتسو باشو (1644 – 1694)

ينحدر ماتسو أومونيفوسا، من إحدى العائلات المحاربة (الساموراي)، ثم رحل إلى كيوتو (العاصمة الإمبراطورية) ليتابع دراسته في الآداب.

وفي عام 1681م فضل حياة العزلة، فانزوى بالقرب من ايدو (طوكيو) في مكان أطلق عليه اسم (صومعة شجرة الموز) (باشو -آن) ومنها استمد لقبه باشو ويعني شجرة الموز. درس مذهب الزن البوذي وبدأ بممارسة التأمل.

كرس السنوات العشر الأخيرة من حياته للترحال والتأمل، وتنقل في أرجاء اليابان وكان يقطع الرحلات بفترات طويلة يخصصها للتأمل، توفي أثناء إحدى رحلاته وفي الليلة الأخيرة قام بخط بيت (هايكو) على إحدى الأوراق؛

مريض وقت ترحالي
وأحلامي تتجول طافية
في الحقول الذابلة

بلغت قصيدة الهايكاي مرحلة النضج على يد المعلم باشو إذ جعل منها قصيدة مستقلة بإضافة شحنة أكثر روحانية، غاية في الإيجاز والإيحاء، حيث كانت الإستنارة (الكارومي) المعيار الأساسي في تحديد قصيدة الهايكو لديه.

وقد ألف باشو العديد من أشعار الهايكو والأشعار النثرية أو ما يعرف بالهايبون، ورفض أن يعلن انتمائه إلى أي من المدارس الشعرية.

الهايكو الكلاسيكي قبل 1868

لم يكن الهايكو جنساً شعرياً غريباً عن الحياة اليابانية، إذ إنه ومنذ بدايته أثر بها وتأثر فأصبح تعبيراً ورمزاً لنمط الحياة. فخصائصه الرئيسية المتمثلة بالبساطة والإيحاء والعمق الفلسفي، تمثلت في معظم جوانب الحياة في اليابان، بدءاً من الشكل الهندسي للبناء والحدائق، مروراً بالأطعمة وحفلات الشاي وإنتهاءً برمزيات مؤثرة وصور تعبيرية عميقة مستوحاة من خصوصية الطبيعة ومدى تأثيرها على الإنسان، فكانت الأواني المكسورة الغير صالحة للأستعمال ترمم ثانية (ترميم الذات) وتصقل بماء الذهب فيتضاعف جمالها وقيمتها ويتزين المطبخ الياباني بها، وبذلك ترمز إلى الجمال في الضعف، وارتقائه إلى أعلى المراتب.

فغدا الهايكو تعبيراً رائعاً عن الجمالية التي تغوص في البساطة والنسك والرهبنة والفقر، وفي كل شيء يدور حول الإنسان أو يدور الإنسان حوله، منكسراً كان أو قبيحاً، جميلاً كان أو صالحاً.

خصائص الهايكو الكلاسيكي

1. الاختزال والتكثيف (ثلاثة أسطر وسبعة عشر مقطعاً صوتياً 5، 7، 5) وبأقل عدد من الكلمات.
2. البساطة في التعبير بكلمات وألفاظ بلا تأنق ولا تزويق تماماً كما يفعل الطفل
3. المشهدية (مشهد حسي أو بصري)
4. اللحظة الآنية (تلك اللحظة التي تكون متفردة، يدونها الشاعر كما يراها أو يسمعها أو يشمها أو يتذوقها أو يتحسسها ولكن لا كصورة تلتقطها الكاميرا، بل لإلتقاطة الدهشة التي تتضمنها، بحيث لا تكون عملية وصف دون معنى عميق أو فكرة أو فلسفة حياة، وأيضاً لكي تنغرس في العمق والوجدان وتتحول اللحظة الآنية إلى الخلود.
5. الموسمية (يرتبط نص الهايكو التقليدي ارتباطاً وثيقًا ومباشًرا بأحد فصول السنة أو ما يعبر عنها مثلاً الربيع أو زهرة تعبر عن الربيع).
6. الدهشة أو المفارقة أو الاستنارة وهي أن تأتي القصيدة بما لا يتوقعه القارئ.
7. القطع أو الوقفة وتكون عادة كفارزة (،) أو شارحة (-) في نهاية السطر للتأمل.
8. التنحي وعدم إقحام الذات المباشرة للشاعر في النص

لأن ذلك يضعف قصيدة الهايكو الكلاسيكية، ويفقد خاصية من خصائصها، وذلك شيء من التواضع وإظهار الإبـداع الكامن في الطبيعة، حيث يؤدي إلى ارتقاء الشاعر في سلّم التضحية والعطاء والتطهر من الأنانية.

9. الابتعاد عن استخدام المجاز الصريح قدر الإمكان.

10. المعنى العميق (يجب ان تتضمن قصيدة الهايكو على معنى فكلما كان معناها أعمق، كلما تعددت تأويلاتها).

الهايكو الحديث

بدءاً من انفتاح اليابان للعالم الخارجي بعد عام (1868)، تأثر الأدباء اليابانيون بالأدب الغربي والعالمي، وكان لقصيدة الهايكو بالمقابل تـأثيراً واضحاً في ظهور الحركة الشعرية (الصورية) الإنجلوأمريكية في القرن العشرين، فطوِّر واستُحدث الهايكو على يد أحد أكبر الأساتذة بعد باشو وهو الشاعر والناقد الأدبي ماساؤوكا شيكي (1867 - 1902).

هكذا غدا شعراء الهايكو الياباني يأخذون منحىً آخر أقل صرامة في الالتزام والتقيد بالخصائص التقليدية، منها المقاطع الصوتية، والموسمية، وعدد الأسطر، فظهر الهايكو الحديث، حتى ان شاعر الهايكو بدأ يتناول مواقف من الحياة اليومية، وأدخـال الشعور العاطفي ومواضيع الحياة الاجتماعية والسياسية.

تعدد المدارس

تختلف أشكال قصيدة الهايكو حول العالم وتتعدد مبانيها رغم قصرها الشديد المتعارف عليه، وتأتي اختلافاتها الشكلية والأسلوبية من اختلاف في تبني التقنيات التي تنتمي إليها كل مدرسة للهايكو بنسب متفاوتة، مثل درجة المجاز وحجم التنحي وضرورة الفصل وتواجد القطع وآنية المشهد وعدم التدخل ومدى التلاعب وهندسة اللغة وواقعية المشهد ورشاقة الألفاظ وحلاوة الإيقاع وبلاغة الإيجاز وتجليات الفكرة وانسجام دلالات النص، ومع كل هذا التفاوت بين مدارس الهايكو إلّا أن هناك دائماً ما يجمع نصوصها المختلفة الأساليب، لتحظى بجنسية الهايكو وهو ما يمكن أن نسميه (الإلتقاطة الجمالية من مشهد واقعي في زمن آني هي لحظة الاستنارة)، حيث لا يمكن تجاوز ذلك بالذات - المشهد الواقعي والآنية ولحظة الاستنارة - إذا أردنا أن نكتب نصاً يقال له (قصيدة هايكو). وذلك ما يميز نص الهايكو عن الومضة والشذرة والخاطرة.

السِنْريو

ظهرت قصيدة توأم للهايكو تسمى (السِنْريو) ومعناه الحرفي (صفصاف النهر)، يرتبط إسمها بالشاعر الياباني سِنْريو كاراي (1718 - 1790) وتشترك مع قصيدة الهايكو في كافة الخصائص

باستثناء الموضوع، إذ انها تستبدل الطبيعة بالإنسان وكثيراً ما تميل إلى السخرية بعكس قصيدة الهايكو، التي هي أكثر جدية في الحديث عن الطبيعة، لكن الكثير من الشعراء لم يلتزموا بالخصائص اليابانية للهايكو فمنهم من اكتفى بسطرين بدلاً عن ثلاثة ومنهم من كتب قصائد تقل عن 17 مقطعاً ومنهم من مزج بين الهايكو والسِنْريو، مبتدعين لوناً هجيناً يجمع بين الإنسان والطبيعة في القصيدة الواحدة.

المصادر:

1. مقالات من / نادي الهايكو العربي ونادي السِنْريو العربي ونادي هايكو مصر للأساتذة: محمود عبد الرحيم الرجبي / سمير منصور / عبد القادر جموسي / حسني التهامي

2. كتاب الفيصل / مجلة الفيصل

3. مقالة للأستاذ عبد الكريم كاصد

4. شعر الهايكو الياباني وإمكانياته في... أ. د. حمدي حميد الدوري

5. ويكيبيديا الموسوعة الحرة / تاريخ الشعر الياباني

نصوص هايكو
للشاعر سرهد هوزايا

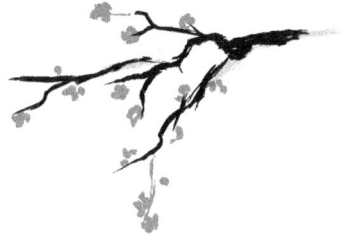

(١)

مَغيب،
على الجسر نحن أعلى
من الشمس

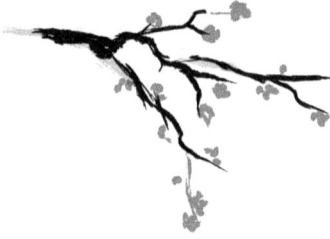

(٢)

لا تُبارحه
حتى في الخسوف الكلّي،
نجمة

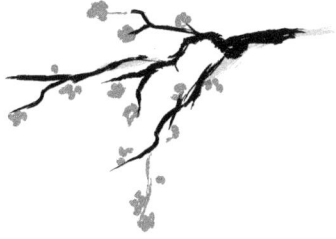

(٣)

لقياس الطـول،
يقف الطفـل
على أصابِعه

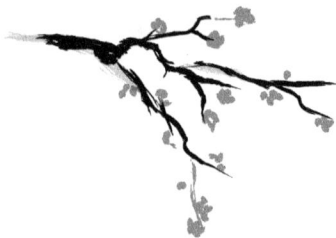

(٤)

شجرةُ الحيّ الكبيرة،
كل ربيعٍ
تزداد إنحناءً

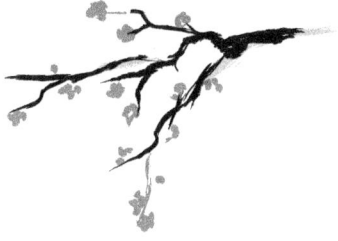

(٥)

أمام البناية البيضاء،
باهتةً تمُرُّ
حمامة بيضاء

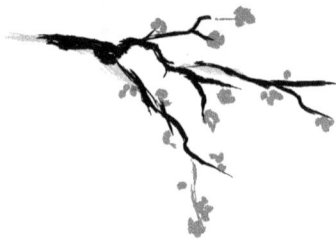

(٦)

على قشـةٍ،
يتصارع
عصفوران

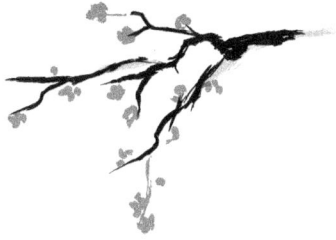

(٧)

مهدْ،
لأولى قطراتِ المطر
أوراق صفراء

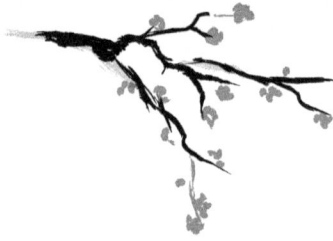

(٨)

سماءٌ صافيةٌ،
دائراً حول الدار
سرب حمام

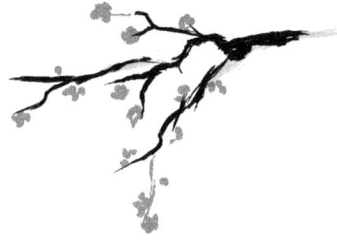

(٩)

جانبا الشرفة أخضرْ،
يتودد النحل
إلى الجانب المُزهر

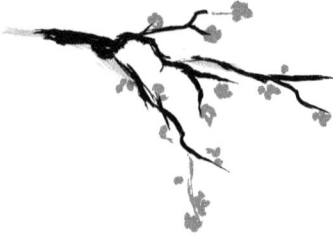

(١٠)

الجثةُ أكبر من المدخل،
عن طريقة يبحث
النمل

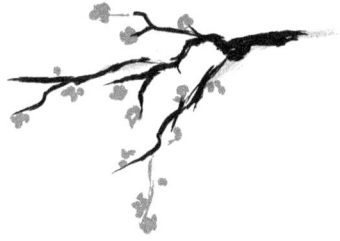

(١١)

أطفالاً كنا،
تسحقُ أصابعنا الناعمة
زهرة النرجس

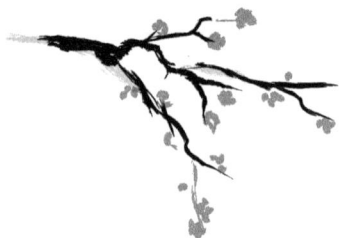

(١٢)

كورونا،
تُثبت خطأ نظرية
فرّق تسُد

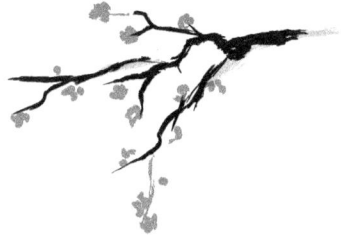

(١٣)

رياح جنونية
ماذا عن الفزّاعة؟!

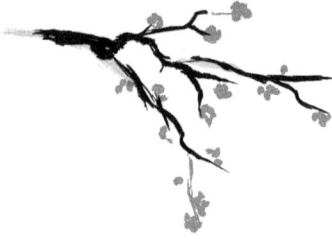

(١٤)

باب الجنينة الضيّق،
برشاقة يتسلل
لص نحيف

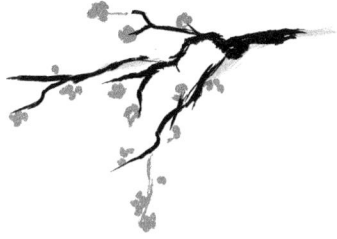

(١٥)

قاطفة العنب،
على ساعدَيها قطراتٌ
تُسكِرني

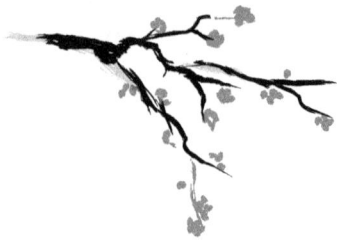

(١٦)

أعشاش،
تحت أشجار الحور، ينتظر الأطفال
محاولة طيران فاشلة

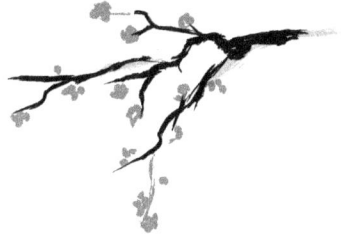

(١٧)

رياح،
تصفع وجوهاً كالحةً
أنفاس الزهور

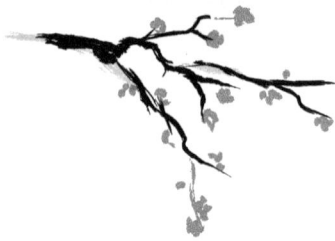

(١٨)

فراشة مُنهَكة،
تبحث عن زهرةٍ
غير مبللة

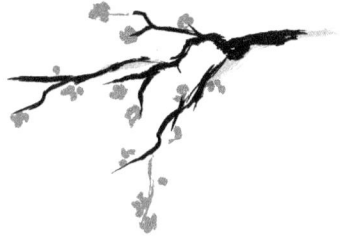

(١٩)

قيـظ،
تدور حول تمثال العذراء
بسطة المتسول

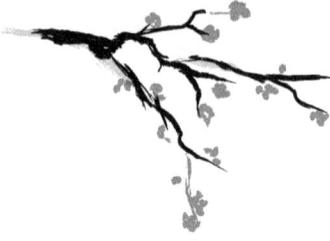

(٢٠)

هدفٌ معلّق،
على السياج الشائك
كرة قدم

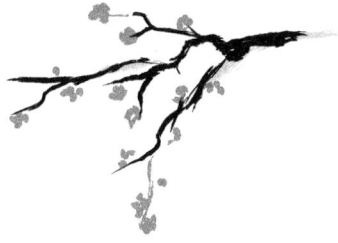

(٢١)

تحت الصنبور
العاطل،
زهرة

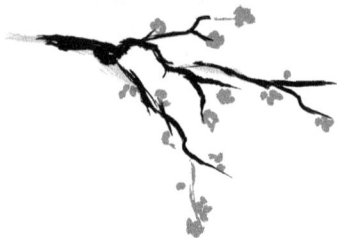

(٢٢)

تَنّوْر،
كم من الدموع تنهَمر
ولم تبلغ القاع؟

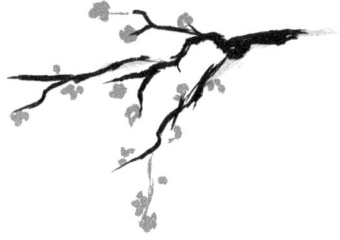

(٢٣)

تَرَفْ،
فوق المصباح
شبكة عنكبوت

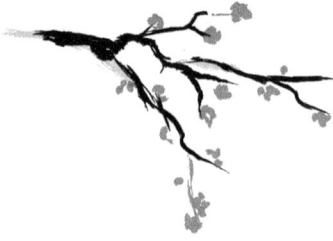

(٢٤)

قدّاسُ الميلاد،
طفل يتباهى بملابسهِ
أمام الكاهن

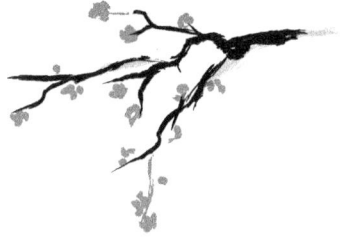

(٢٥)

مطر،
أفكّر بالحلازين
على عتبة الدار

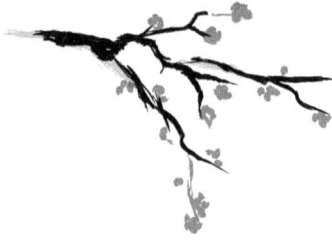

(٢٦)

بعد المطر،
على أوراقِ التينةِ قطراتٌ
تَتبع بعضها

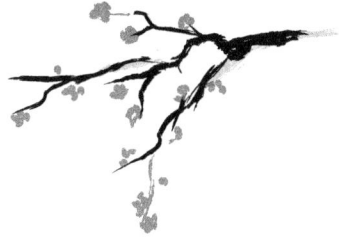

(٢٧)

صباحٌ باردٌ،
بين نعيبٍ ونعيب
زقزقات دافئة

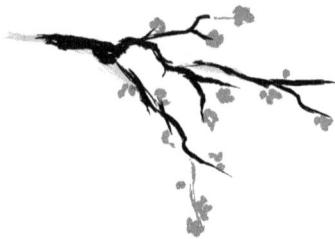

(٢٨)

تينةٌ عقيمةٌ،
تحتفظُ أوراق مقّعرة
بمطرِ الأمس

رحلة على طريق اللحظات العابرة التي تدوم إلى الأبد!!

قراءات وتأويلات الأديب محمود الرجبي*

لبعض نصوص ديوان هارمونيكا

---

* محمود عبد الرحيم الرجبي: قاص وشاعر يكتب بثلاث لغات في مختلف الأجناس الأدبية من شعر ونثر وقصة، له تجربة كبيرة في مجال أدب الأطفال. ولد في مدينة الزرقاء/ الأردن عام 1964، عضو الرابطة الوطنية وتعليم الأطفال - مؤسسة الملكة نور وعضو رابطة الأدب الإسلامي العالمية وعضو مؤسس في فرقة مسرح الزرقاء المسرحية، عضو رابطة الكتاب الأردنيين وعضو الاتحاد العام للأدباء والكتاب العرب وعضو اتحاد كتاب آسيا وأفريقيا، أصدر أكثر من مئة كتاب بالمجالات المختلفة للكبار وللصغار. وينشر في العديد من المواقع على الانترنت وشبكات التواصل الاجتماعي والصحف الإلكترونية مثل: الرأي اليوم، وموقع الإمبراطور وعشرات الصحف والمواقع الأخرى. كما ابتكر أسلوب آخر من الكتابة أسماه (التايكون)، وكذلك حَوّل فن المذكرة من 6 كلمات إلى القصة القصيرة جداً من 6 كلمات، ورسم معالم قصة وقصيدة (النانو) من 5 كلمات، بالإضافة إلى تحديد شروط وخصائص الهايكو العربي عبر (بيان الهايكو العربي). نشر العديد من الكتب الورقية للكبار نذكر منها: من ثقب الإبرة (محاورات) 1987، هكذا ميلاد الجنون (شعر) 1988، وغيرها الكثير... أصدر عدداً من ألعاب الأطفال الكرتونية الورقية: لعبة (الطريق إلى القدس) إعداد مشترك - 1993، لعبة (رحلة عبر الأردن) إعداد مشترك - 1994، وغيرها الكثير... نشر العديد من الكتب الورقية للصغار نذكر منها: سلسلة (حكايات من بلادي) (1 - 4) بالاشتراك، عاش استقلال بلادي (قصة)، وغيرها الكثير... مؤسس ومدير للعديد من المجموعات والصفحات الأدبية الفعالة على الفيسبوك مثل: مجموعة نادي الهايكو العربي، مجموعة قصة من ست كلمات وغيرها الكثير... نشر عشرات الكتب الإلكترونية من تأليفه في مختلف أشكال الإبداع الأدبي من شعر وقصة ونقد.

لحظـة الندم على أقوالنا التي تقتل الأرواح كما تقتل الأفعال الأجساد، وهي لحظة استعادة الخدوش التي تصنعها كلماتنا في أرواح الآخرين، ظنا منا أننا كنا نقوم بفعل الشيء الصحيح، لأننا لا نصغي أو ننصت إلا لصدى أوهامنا، بسبب الجهل بردة الفعل أو التأثير الحقيقي الناتج عن سوء تصرفاتنا أو أقوالنا خلال تعاملنا مع الآخرين، تماماً كما قالت السيدة رولان وهي تحت حبل المشنقة: (أيتها الحرية كم من الجرائم ترتكب باسمك!!)، ومهما حاولنا فستبقى تلك الندوب موجودة، ومهما وضعنا من طبقات متعددة من طلاء التسامح والمغفرة فوقها لإخفائها، فهي ستعود من جديد لإيلامنا، فالندم في اللغة العربية يعني الأسف والحسرة على أمر انقضى، أو كره الفعل بعد فعله، والندم في اللغة العربية يقترن بالتوبة أيضاً، فالنادم هو من كره فعلاً وتاب عنه وتحسر عليه وحزن له. ولكن الندم قد يضمن المغفرة والمسامحة بعد الاعتذار والاعتراف بالخطأ، ولكنه لا يضمن أبدا النسيان!!

والندم في اللغة الإنجليزية يحمل نفس معناه في اللغة العربية بطبيعة الحال، لكن جذر الكلمة أكثر وضوحاً وتعبيراً عن حالة الندم، فالكلمة مشتقة من اللاتينية على مقطعين (Re) بمعنى إعادة أو متكرر (Mordere) بمعنى لسعة أو لدغة أو ألم، ليكون معنى الاشتقاق العذاب المتكرر وهي إشارة إلى عذاب الضمير.

في الصيفِ
باطلاً تحاول الأمواج ترطيب،
ظهر الصخرة

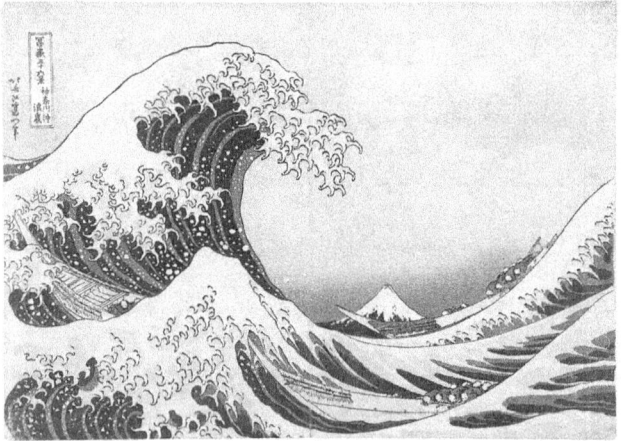

لحظـة الشك في كل ما يحيط بك وحقيقة الوجود الإنساني والشك بالذات وأهمية وجودها، وكأنك تحيا في حلم يتكرر كل يوم، ونسميه من جهلنا (الحياة)، ومع أنك تحاول الاستيقاظ منه كل يوم، ولكنك تفشل دائماً، حتى تنجح أخيراً عبر ابتكار فكرة (الموت)!!

الشك هو حالة ذهنية يكون الدماغ فيها مُعلّقًا بين افتراضين متناقضين أو أكثر، يعجز عن قبول أي منها. والشك على المستوى العاطفي هو تذبذب بين التصديق والانكار قد يتضمن ارتيابًا أو عدم ثقة أو/ وقلة اقتناع ببعض الحقائق، أو التصرفات أو الدوافع أو القرارات. قد ينتج عن الشك إرجاء أو نبذ تصرف مناسب خوفًا من ارتكاب خطأ أو إضاعة فُرص. والشك قد يظهر عند فقدان الأجوبة عن أسئلة تعصف فينا بريح الحيرة التي لا تهدأ أبدا، فحتى الشمس الأكثر وضوحا في الفضاء وعلى الأرض تفقد ظلها، وكأن شمس الحقيقة لا يمكن أن تسطع أبداً في حياتنا، فالظل أساس وجود الجسد والتجسيد الملموس لوجودنا!!

عجباً
في كل هذا الكون،
لا ظلّ للشمس!!

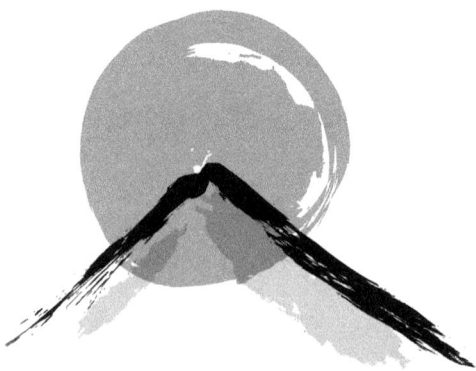

لحظـة سوء الفهم أو الأفكار المسبقة أو الحكم على الآخرين نتيجة تجارب سابقة مع غيرنا أو ما يتم تعليمينا إياه منذ الصغر: (العلم في الصغر كالنقش في الحجر)، فالتجارب أو التعليم أو التوجيه يبدأ فينا من المحيط الذي نحيا فيه، وهو المجتمع الذي يحدد طبيعة القوانين والعادات والعرف والدين الذي يسيطر ويسير كافة نشاطاتنا الحياتية، وهو في الوقت نفسه يصنع أفكارنا ومعتقداتنا وردود أفعالنا تجاه المختلفين عنا، لأننا نحيا في المجتمع حسب نظرية القطيع الذي لا يفكر ولا يتأمل ولا يتخذ موقفاً، وإنما يقلد ويطيع ويحفظ دون فهم أو هضم لسياسة الجهل والتعصب والانعزال!!

بإزميل
تنحت الآخرين،
أفكارنا

لحظـة المحبة والعطاء والمشاركة بيننا وبين الآخرين وحتى في لحظات تبادل الحب بين عاشقين، ولكن العطاء دائماً يقابل بالجحود وانكار المعروف رغم سمو قيمته، ورغم أنه الدليل الأقوى الملموس على حقيقة إنسانية الإنسان!!

فالعطاء دون حب لا قيمة له، والأخذ دون امتنان لا طعم له، فيجب أن يقدم إلى من يستحقه فقط، رغم أن المحبة تجبرك على العطاء دون انتظار أي شكر، لأن المحبة هي المحبة في ذاتها ولأجل ذاتها، لذا يجب أن نقدم العطاء والإحسان رغم آلام قلوبنا من الجاحدين لعطائنا واتهامنا من قبل عابدي الذات ومعتنقي الكراهية، بأننا نعطي بسبب شعورنا بالنقص تجاه وجودنا في الحياة، فالطفل المدلل هو الأكثر شكوى وتذمرا دائماً، من عدم الاهتمام به!!

ومَنْ يتعود على الأخذ والأخذ منك فقط، سيرى عطاءك بسبب محبتك حقا من حقوقه المؤكدة، ولن يغفر لك يوماً تأخرك ولن يقدرك، وسينظر إليك كخادم وهو سيدك!!

طبعا بعضهم لا يعترف بقيمة العطاء ويرى أن القيمة هي في الأخذ فقط، فمن ضروريـات اتقان وظيفة الأخذ عندهم: الجحود والتجاهل وعدم التوقف عن المطالبة بحقوق ليست لك في الأساس واقناع نفسك أن العطاء هو ضعف إنساني وعجز وعدم نضوج في الوعي، وأن العطاء في حقيقته استجداء للإعجاب ومرض نفسي وعقدة نقص طفولية، وأن البطولة الحقيقية هي في الأخذ والأخذ فقط، فأنت بذلك تمارس العلاج النفسي لهذه الأنفس المريضة بداء الطيبة الكاذبة والمبالغ فيها!!

العطاء دون محبة رياء وتلميع للذات أمام الآخرين، لذا لا تطبق مبدأ المعاملة بالمثل، ولا تخففْ من سرعة جريان نهر حسن ظنك وطيبتك، ولا تركب صنبور مياه على خزان العطاء لديك ولو كان بحجم كوكبك، وما أجمل الإسراف بالمحبة دائماً، لأنك على نهر جار لا ينتهي أبداً من ماء محبتك النقي!! إنها لحظة دعوة الآخرين للعطاء وتبادل المحبة مع الآخرين دون قيد أو شرط!!

جبلان متجاوران،
يتبادلان الظلِ
صباحاً ومساءً

لحظة الابداع والخلق في الشاعر، وكيف توقظ الفكرة أو القصيدة الشاعر من نومه ليكتبها، وكيف يتوقف في أي مكان لكتابتها حتى في الطريق، لأنه صياد اللحظات العابرة مثل الصياد الحقيقي الذي ينتظر رعشة سمكة لسحبها إلى عالم اليابسة من عالم الماء، كذلك ينتظر الشاعر رعشة الفكرة ليسحب القصيدة من عالم الخيال والأحلام إلى عالم الواقع والحياة، ويُعرّف الإبداع على أنّه القدرة على الإتيان بأمر جديد في أي مجال من مجالات العلوم أو الفنون أو الحياة بصفة عامة، كما يمكن وصف طرق التعامل مع الأمور المألوفة بطرق غير مألوفة على أنّها إبداع، ويدخل في نطاق ذلك دمج الأفكار والطرق القديمة بعد تمريرها على المخيلة للخروج بنتيجة جديدة، ويكون الإبداع في الغالب فرديّاً، وهو المرتبط بالفنون أو الابتكارات العلميّة، إلا أنه يمكن إخراج عمل إبداعي بواسطة المشاركة الجماعيّة لعدة أشخاص.

فجراً،

صياد السمك توقظهُ

رعشة سمكة

لحظـة المعرفة الناقصة أو وهم المعرفة، فعلى سبيل المثال: إن بعضهم يعتبر أن شعر الهايكو هو ما يراه من هايكو مترجم يفتقد روحية وماهية وإيقاعية الهايكو، ويقومون بوضع خصائص غير منطقية وما أنزل الله بها من سلطان للهايكو، وبعض هذه الشروط يتم افتعالها وتزييفها وابتكارها لتناسب مستوى ابداعهم وقاموسهم اللغوي الضحل وخيالهم المصاب بالجفاف القهري وبصيرتهم محدودة الدخل إلى حد الفقر المدقع بالرؤيا، فهم لا تضيق العبارة لديهم بسبب اتساع الرؤيا (كما يقول النفري)، بل بسبب وهم المعرفة الذي سيفيض على كلماتهم ويفضح عجزهم الإبداعي التراكمي إن تكلموا، لذا يصمتون كثيرا وكثيرا، ولكنْ إنْ تكلموا، عندها يصدق فيهم المثل الدارج:

(صمت دهرا ونطق كفرا)!!

كتب ستيفن سلومان، وفيليب فيرنباخ، في كتابهما (وهم المعرفة): نحن لا نعني بذلك أن الناس جهلاء، بل أنهم أكثر جهلا مما يظنون". في الحقيقة، نحن نعرف بالكاد ما يكفي للاستمرار في الحياة. يقوم سلومان، المتخصص في علم النفس بجامعة براون، ومحرر دورية "معرفة"، ومعه فيرنباخ، المتخصص في العلوم المعرفية بجامعة كولورادو، بدراسة المفارقة القائمة بين إمكانية اتصاف أفراد البشر بالجهل التام فيما يتعلق بكيفية عمل الكون، مع قدرتنا الجمعية نحن البشر على بلوغ أسمى درجات العبقرية. إن دليلهم الممتع إلى آليات الذكاء البشري، يفككنا تماماً، ثم يعيد بنائنا، لا لشيء إلا ليفككنا مرة أخرى: نحن جهلاء، لكن لا بأس بذلك، لأن المعرفة الفعالة سهلة المنال، متاحة في كل مكان. لكن سهولة الوصول إلى المعلومات يجعلنا نبالغ في الثقة بأنفسنا، إلى درجة الاستهتار). ولكنْ لابد من التفريق بين وهم المعرفة وبين الجهل، والجهل نوعان جهل بسيط وجهل مركب:

الجهل البسيط هو أن يجهل الإنسان علماً ما ولكنه يعرف بأنه جاهل به، ولا يخلو انسان في هذا الوجود من هذا الجهل مهما بلغ من العلم لأن حياة الإنسان أقصر من أن يستطيع الاطلاع على كل علم.

أما الجهل المركب فهو جهل الإنسان أنه جاهل.

أما وهم المعرفة فينقسم إلى قسمين:

١- اعتقاد الإنسان أنه يعرف أكثر من معرفته الحقيقية.

٢- الاشتباه بين الاطلاع والمعرفة.

نافذة ضيقة،
كل ما يُرى
جذع شجرة

لحظـة القدرية والحتمية والإيمان بالقدر والتسليم بأن كل شيء يحدث لسبب إنها لحظة الرجاء والدعاء والاستجابة، إنها لحظة الإيمان والتسليم والاستسلام للمحبة، فالإيمان بالقضاء والقدر هو مذهب فلسفي يشدد على إخضاع جميع الأحداث أو الإجراءات للقدر. حيث يتفق الحتميون عموما أن الأنشطة البشرية تؤثر على المستقبل، ولكن هذا العمل الإنساني هو في حد ذاته تحدده السلسلة السببية من الأحداث السابقة. وجهة نظرهم لا تبرز "تقديم" لقدر أو مصير، في حين أن المؤمنين بالقضاء والقدر يؤكدون على تقبل أن الأحداث المستقبلية لا مفر منها. ويعتقد الحتميون أن المستقبل ثابت خصوصاً بسبب السببية. أما المؤمنون بالقضاء والقدر فيعتقدون أن بعض أو جميع جوانب المستقبل لا مفر منها، ولكن ليس بالضرورة بسبب السببية، وعلى أية حال، تستطيع دائماً الخروج من فلسفة الحياة المعقدة ومفاهيم القدرية والحتمية في الحياة وطبيعة الوجود إلى الإيمان الحقيقي بكل بساطته الممكنة والواضحة أمام عينيك، إلى المحبة والمحبة فقط، فدع المحبة تفسح لك الطريق، الكراهية حاجز وهمي يسكن في عيوننا، نبضة محبة واحدة، ونرى بعيون قلوبنا كلَّ الطيبة والطفولة الكامنة في كل البشر!!

الروح لا يطهرها الماء كالجسد، الروح تطهرها المحبة فقط، لذا تطهروا بمحبة الآخرين دائما، كيف تؤدي الصلاة المقدسة بنصف طهارة؟!! الإيمان طهارة كاملة، فما الفائدة من طهارة الجسد والروح ملوثة؟!!!

هبـة ريح،
من شبكة العنكبـوت
تنـجو الضحية

لحظـة اليأس وعدم اليقين في كل ما حولك من مظاهر خادعة خلال بحثك عن حقيقية وكنه وشيئية الأشياء، فالشاعرُ يُحب أن يمشي كالبهلوان فوق حبال الأسئلة التي ليس لها أجوبة، ويقع دائما عنها فوق هاوية الحزن التي لا تنتهي، والتي يقوم بابتكارها ليلوّن بها عيوننا بكل ألوان الدهشة الممكنة رغم أحزانها!!

ضباب،
ما عدا الضوء
كل شيء باهت

صخرة الساقيـة
أَ مِنْ أَلَـمِ الإصطدام،
يعلو انخرير؟!

لحظـة الذكريات التي نعيد شحنها كل يوم ببطارية ذاكرة الروح، التي لا تنتهي أو تنفذ إلا بموتنا لنعيد شحن أجسادنا لتستمر بالحركة في دائرة الحياة، فالذكريات مترابطة معاً بخيط خفي من المحبة الزائدة، أية ذكرى تصحو من نومها، ترسل إشارات سريعة لرفيقتها المفضلة ليتسليا بك.. لذا لا تستغرب أبداً، عندما تهاجمك كلها معاً في لحظة واحدة!!

فالذكريات وليست المسافة هي المقياس الحقيقي للغربة!! والذكريات التي لا تموت، هي التي تصنعها أرواحنا وحدها، فذكريات الجسد عابرة!!

بين اليمّ واليابسة
قبلات،
يَشحنُها القمر

لحظـة التسامح وعدم رفض الآخر وإعلاء إنسانية الإنسان فينا، فهذا قوس قزح هو في الأصل لون واحد يعكسه انكسار الضوء بألوان متعددة، فقَوْسُ قُزح الذي يسمى قوس المطر أو قوس الألوان وهو ظاهرة طبيعية فيزيائية ناتجة عن انكسار وتحلل ضوء الشمس خلال قطرة ماء المطر، يظهر قوس المطر بعد سقوط المطر أو خلال سقوط المطر والشمس مشرقة، وعليه فإن الرؤية أو البصر في حد ذاته وهم كبير، أنت ترى ما تريد أن ترى فقط، الأجسام توجد فيها الألون كلها، فهي تمتص الألوان كلها وتعكس لونا واحدا تراه في عينيك العاجزتين عن رؤية الصورة الكاملة لحقيقة الأشياء إننا لا نرى من الأشياء سوى ظلالها!!

قوس قزح،
إختلاف الألوان
لا يُفسد للود قضية

لحظـة النقص والاكتمال في الأشياء، كل شيء ناقص في الحياة ويبحث عما يكمله، الرجل لا يكتمل إلا بامرأة، والمرأة لا تكتمل إلا برجل، والطفولة لا تكتمل إلا بعائلة، والوجود لا يكتمل إلا بالوجود ذاته الذي يصنع الصورة الكاملة التي لا تدركها عقولنا المحدودة العاجزة!!

الكمالية في علم النفس هي سمة شخصية تتسم بكفاح الفرد لبلوغ الكمال ووضع معايير عالية جدًا للأداء، يصحبها تقييمات نقدية مبالغة للذات ومخاوف من تقييمات الغير. والأفضل تصويرها على أنها صفة متعددة الأبعاد، حيث اتفق علماء النفس على اشتمالها على العديد من الجوانب الإيجابية والسلبية. وفي صورتها السيئة التكيف، تدفع الكمالية الأفراد لمحاولة تحقيق المثالية التعجيزية، وقد تدفعهم كماليتهم التكيفية في بعض الأحيان إلى الوصول لأهدافهم. وفي النهاية، يستمدون الشعور بالسعادة من فعلهم هذا. وعندما لا يستطيع الكماليون بلوغ أهدافهم، كثيراً ما تصيبهم الكآبة.

إننا نسعى إلى الكمال دائما لجهلنا أن الكمال هو في نقصنا الذي يكملنا مع غيرنا، إننا نخاف دائما من تقييمنا من الآخرين بأقل مما نستحق، لذا نقيم أنفسنا دائما بأقل مما نستحق، مع الكمال في التبسيط وليس في التعقيد، تماماً كبحيرة ينقصها بجعتان لتكتمل صورتها الكاملة!!

بجعتان،
وتكتمل
البحيرة

لحظة الوحدة تعكس شعورك بالتيه في صحراء الحياة رغم الازدحام الخارجي الذي يملأ كل شيء حولك بالضجيج المفتعل، هي لحظة الموت بصمت في عالم يملؤوه الضجيج الخارجي والصمت الفائض في داخله، فالشاعر يبتكر الكلمات التي يمكن رسمها بكل الأحاسيس المتعبة، ولأنه يسجن الألوان في لوحات حالمة، يقوم بإطلاق سراح الكلام من قفص الأفواه الصامتة لتصرخ بآهٍ هادرة!!

ساحة فارغة،
إلّا من دوامة
أوراق الخريف

رمضان،
اليوم الثاني
لا أحد يبالي للقمر

لحظـة الانتظار الذي يصنعه الأمل فينا، تماما كرؤيتك لشجرة تين عارية مليئة بالثمار الناضجة في الخريف، هي بحثك عما سيكون لا عما كان أو ما هو كائن الآن. لولا الأمل لما خلق الانتظار النافذة!!

الانتظار هو هروب من حاضر ما يسيطر عليه ماض ما إلى مستقبل ما، ترسمه بريشة خيالك وبكل ألوان الرجاء والدعاء الممكنة!!

نهاية الصيف،
متى تنضج ثمارك
أيتها التينة؟!

لحظـة الخداع في كل شيء، وقلب الحقائق وتزييفها، في عالم يملؤه الموت ويدعي الحياة، في عالم يجعل من الخيانة وجهة نظر خاصة بصاحبها، في عالم يجعل من الوقاحة صراحة ومن الجبن حذر، ومن الشجاعة تهورا ومن الصدق بلاهة، ومن الأمانة غباء ومن العطاء استدراجاً للشفقة، وغطاء للنقص في نفس الكريم المؤمن بالمحبة، إنه عالم قائم على الجحود والقعود فوق جثث ضحايا الثرثرة من آكلي لحم الناس أحياء بالغيبة والإفك والافتراء!! إن قتلك المخلوقات الأخرى وأكلها لا يبرره الجوع، إن ممارستك لقطع أعناق البشر تحت طقس سماع موسيقى جنائزية أو حتى مفرحة، لا يخفف من حقيقة الجريمة المفزعة، إننا نمارس الخداع مع الآخرين بكل الطرق الممكنة، باستخدام طعم الكلمات الثائرة أو ترديد العبارات التي لا نؤمن بها، كل هذا، لأننا سمحنا ونسمح بأن يتحول كل شيء حدث أو يحدث معنا أو مع غيرنا، إلى وجهة نظر خاصة بنا وحدنا، لا نخجل من التصريح بها أو الاعلان عنها، مهما كانت رائحة السخافة تفوح منها، أو سوائل التفاهة تفيض عنها، فقد زرعوا فينا بكل خبث، اننا في حالة الرفض، لسنا مطالبين بأي دليل سوى شعورنا تجاه الأشياء فقط، ونحن في عصر حرية الـراي، التي جعلت كل الـرؤوس متساوية، حتى الفارغ منها!!

حصاد،
بأنغام حديثة
تُقطع أعناق السنابل

قبعة المتسول،
أول قطعتين نقديتين
من جيبه

لحظة الوداع، حيث يجتمع الأحبة قبل الفراق، سواء أكان مؤقتاً بالرحيل والسفر والهجرة الطوعية أو الإجبارية، أو ما كان دائماً بالموت!!

الرحيل هو الغربة القاتلة عن الوطن، الغربة هي عكس الموت الطبيعي حيث يموت الجسد وتتحرر الروح، الغربة هي موت الروح رغم بقاء الجسد على قيد الحياة!!

قبـل الريح،
عند جذع كل شجرة
أوراقها

لحظـة الثقة والإيمان بالذات، حتى لو لم يلتفت إليك أو يؤمن بك أحد، لحظة الإرادة فلا تسمع سوى صدى روحك المقاومة التي تسد أذنيك عن سخرية الآخرين، ومحاولة وضع العراقيل أمامك وايقافك عن التقدم والنجاح، لأنهم يعشقون المساهمة في افشال أي شيء لا يملكون الإرادة أو المعرفة اللازمة لعمل مثله، إنهم بكل بساطة صناع الفشل!!

إياك أن تقلق من الفشل، الفشل ليس أكثر من توقف أمام محطة الإرادة لإعادة تعبئة محرك الإيمان في روحك بالوقود الكافي لإعادة التشغيل والانطلاق بعربة الجسد بسرعتك القصوى في طريق الحياة للوصول إلى نهاية الطريق إلى النجاح، لا تنس أنك سوف تتوقف عدة مرات في طريق الحياة لإعادة تعبئة وقود الصبر والتصميم والمحاولة، لأن طريق الحياة هو الطريق الطويل بالمسافة والقصير بالزمن!!

وتذكر دائما، أن عليك أن تؤمن بنفسك أولا، وكما أشرت سابقاً: وجود قارئ واحد لك يكفي ويزيد، ما دامت الغاية من الكتابة هي التعبير عن ذاتك أولاً، وإيصال وجهة نظرك الخاصة وموقفك من كل شيء يحدث في الحياة!!

هذا الصباح،
يتنصت الطير
لصدى تغريده

لحظـة الموت، التي نحياها آلاف المرات في حياتنا، من موت مؤقت عن طريق النوم كل ليلة، أوعن طريق الحزن والهموم المقيمة والعابرة، أو موت دائم للجسد المؤقت في الحياة التي لا تخلد سوى الأرواح الحائرة!!

إن الكلمات المدهشة إبداع لا يموت حتى لو كانت مزعجة لبعضهم عند تعرية جوهرهم الحقيقي أمامهم، إن إبداعك بالكلمات بما تشعر أو ترغب أو تتخيل أو ترى أو تتأمل أو تتمنى أمام الآخرين، هو بحد ذاته تواصل مع الحياة وترك أثر وبصمة خاصة بك على جبين الموت، لن تختفي أبدا حتى لو اختفيت أنت، وسواء اعجبت البصمة علماء آثار الإبداع، الذين لا يعجبهم سوى الإبداعات الميتة، أم لم تعجبهم، فلا تلتفت إليهم، فهم أسرى متاحف اللغة والإدمان على التنقيب والترميم لقوالب الإبداع المحطمة، لذا هيا إبصموا وأتركوا في كل مكان آثاركم، فأنتم وإن ولدتم عابرين في حياة عابرة، فلا تغادروها إلا وهي عامرة بآثاركم، وأتركوها كميراث من الذكريات لمن يأتي بعدكم!!

على الشجرة المحترقة،
لولا النعيق
لما رأيتك يا غراب

بعد المطر،
المزاريب
تكمّل الخرير

لحظـة الفرح التي تصنع التناسق وذوبان الواحد في الكل، هي لحظة اتحاد الأحاسيس ببعضها، تماما كشاعر يُعيد ترتيب كلمات الريشة المتناثرة ألوانا هنا وهناك، على شكل عقد ياسمين يلفه حول قلوبنا، وعندما ينتهي لا يجد ياسمينة واحدة بين يديه، فمن حبه للفرح في عيوننا أهدانا إياها كلها!!

بائع الفاكهة
والبلبل،
نغمة واحدة

لحظـة الخوف مما سيأتي أو من المجهول، وتوقع حدوث الأسوأ للمستقبل دائماً!! كيف تضع حبل مشنقة على عنقك كل يوم، وتقنع نفسك نها ربطة عنق ؟!، هكذا الخوف تماما!!

الخوف ناتج عن قلة الإيمان بالله وعكس إيمانك بنفسك أولاً، الحذر والتأني مطلوبان لأنهما مغناطيس يعيد بوصلة الحياة عن الطريق الخطأ إلى مسارها الصحيح والمطلوب، ولكنْ عليك أن تغامر دائما، لا ترض بأن تكون مثل بعضهم الذين يحققون السعادة عندما يقررون أن لا يفعلوا شيئاً في الحياة!!

الفشل والنجاح توأمان يسيران معاً في نفس الاتجاه، ولكنْ يختلفان بالسرعة فقط، وفي النهاية يصلان في نفس الوقت معاً!!

لا يوجد انتصار دائم أو هزيمة دائمة، كل شيء في الحياة يرتدي صفة المؤقت، كل شيء محاصر بحدود وزمن محددين، حياة يليها موت، شباب يليه شيخوخة، الخلود والديمومة والمؤكد أوهام تهمس بها شياطين الغرور في أذاننا، حتى نبقى في غفلة عما يدور حولنا من أحداث تخيفنا وتزرع في حقولنا بذور القلق والهموم المؤجلة، لذا إياك أن تنتظر النهاية يائساً، إن الرغبة في إعادة المحاولة هي الوسيلة الوحيدة لخداع الحياة والآخرين، بأنك خارج حدود الهزائم المؤقتة، إن الذي يقع ثم يقف لا يتوقف أبداً عن التقدم!!

أمامك مليارات الطرق دائما، للوصول إلى نهاية ثابتة، فسر ولا تخف من نهاية الطريق لأنها ليست مفاجأة!!

ونحن نائمون،
تعيد بناء المصيدة
عنكبوت

لِمَ خفّضت السرعة
أيتها الفراشة،
إنها بالونات؟

لحظـة الصمت قبل وبعد رؤية المشهد، وقبل وبعد كتابته، إن دلالة الصمت الشعرية هي القدرة على الرسم بالكلمات ونقل المشهد من العينين إلى اللسان كلغة ناطقة أو إلى اليدين كلغة صامتة، وفي الحالتين فإنها تتحول إلى ألفاظ ومعان، أي الرسم بالهايكو بريشة البصيرة على لوحة الروح، بألوان الرؤية العابرة التي تتحول إلى مشهدية بليغة فتقل الكلمات لتفسح الطريق لأقدام التأويل وإكمال الناقص فيها بريشة القارئ!!

الصمت يتطلب القدرة على الإصغاء لكل الأصوات التي تصرخ فيك وحولك ولا يسمعها سواك أو يرفض أن يسمعها سواك بفعل ضجيج الأفكار المسبقة المزروعة في أذني روحه التي تنصت للأصوات القريبة ذات شكل الفوضى غير المحددة، فالشاعر هنا يميز بين صوت الألم الذي يصرخ به النهر الجاف عند رميه بالحصى عندما تغطيه ذكريات الخرير فقط، وبين صوته عندما كان يرتدي درع ماء النهر الذي يتلقى الحصى بدلاً منه، فالشاعر هنا ينصت لصوت الذكريات التي تسنيقظ في ذاكرة النهر عند رميه بالحصى، وكما أن للذكريات صوتها فإن لها رائحتها التي يمكن شمهما في ذاكرة الشاعر، فرغم ملوحة البحر فإن رائحة الياسمين البعيدة تفرض رائحتها على الأنف الذي امتلأ بالماء المالح!!

صوت رمي الحصى
يختلف،
في النهر الجاف

ملوحة البحر،
بعيدٌ بعيد
عبَق الياسمين

لحظـة التكيف والتعايش والصبر التي من الممكن أن تصنع الفرح من أي شيء هي لحظة إعادة تدوير الأشياء لصنع أشياء جديدة الفقير يرتدي حذاء أكبر من قدميه، لأنه لا يملك ثمن حذاء خاص به على مقاس قدمية، فإما أن يأخذ ما تلف من أحذية الأكبر منه أو مما يجده أو يعطى اليه من الناس، ولكنه لا يمنع نفسه من تذوق الفرح واللعب رغم كل الظروف القاهرة!! حب تملك الأشياء يقتلنا ويميت أحاسيسنا تجاه القيمة الحقيقية للأشياء، عندما تسيطر الرغبة عليك في الحصول على شيء، فإنك تفقد قدرة القياس والتقدير والتوازن لديك، ويصبح أتفه الأشياء وأقذرها أملك الوحيد في هذه الدنيا، ويمنعك من الاستمتاع بما لديك!!

تذكر دائما أن ما لديك أكبر بكثير مما ليس لديك!!

ركلة كرة،
يسابق للهدف
حذاء الفقير

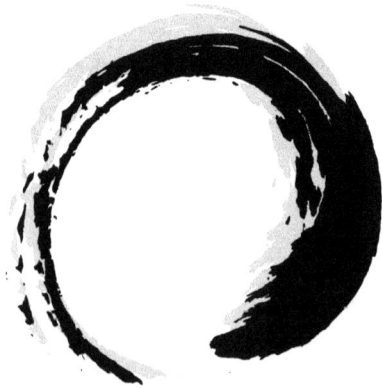

لحظـة الأمل هي إيمانك أن كل ما تحتاجه في الحياة، لا يحتاج إلى تعب كبير منك، حتى تجده أو حتى تملكه، الأوهام والأحلام والأشياء الزائدة عن حاجتنا هي من تهدينا التعب، كل ما تحتاجه في الحياة يوجد إما فيك أو تحت يديك، وعليك أن تبحث فقط!!

لذا يُصرُّ الشاعرُ دائما، أن يكون صاحب الكلمة التي تحبل بالأماني والأغاني والأحلام المؤجلة، ومن رحم معاناتها تلد لوحة مليئة بكل أمنياتنا!!

الشاعر رسام بالكلمات يبحث عن اللحظات التي يأسرها الزمن في إطار من خشب، ولكنها تستمر في الحياة إلى الأبد!!

مطر،
تنبت على غطاء المجاري
أوراق الخريف

عيد الحب،
يُقبّل رسماً
على حائط الزنزانة

ليلة العيد،
نائماً يحتضن
حذاءً جديد

هارمونيكا،
ينعش خرير الساقية
نقيق الضفادع

على أنقاض الدار
من السياج المجاور تتدلى،
أغصان مزهرة

لحظـة الرحمة هي التي تصنع الرقة في روحك، وتعيد الإنسان الحقيقي إلى الحياة في داخلك، رغم محاولات قتله المتكررة من قساة القلوب وفاقدي المحبة ومدمني الكراهية لكل شيء لا تطاله أيديهم الملوثة!!

الرحمة تولد من رحم المحبة التي تفترض صدق الآخرين وتتعامل مع الجميع بحسن الظن، حتى لو ملأ الكذب والكره العالم، فيظل الأمل يقودها طول الطريق، وهي التي تجعلنا نمد أيدينا إلى نفس الجحر، الذي لدغنا منه ألف مرة، على أمل اختلاف النتيجة الأولى، بسبب طيبة قلوبنا!!

ولكنْ احذر دائماً من الرحمة الكاذبة التي بطنها العذاب والتي تستخدم كطعم لاصطيادك دون مقاومة، فالقلب يتسمم بالأحاسيس المزيفة، تماماً مثلما يتسمم الجسد بالطعام المسموم والعقل بالأفكار السامة!!

لا لن أدوس على زهرة
تقبّلينها،
أيتها الفراشة

لحظـة الحقيقة الكامنة التي قد ترتدي أقنعة الوهم للتخفيف من آلام العين البصر عند رؤية بعض نورها، وزيادة قدرة عين البصيرة على امتصاص نورها كاملا بعد إزالة حجاب الوهم وجدار المعرفة الناقصة حولها وفينا، فمهمة الشاعر الأولى أن يتقن العزف على أوتار الكلمات بأيدي المعاني الصامتة، والتي لا تطلب منك سوى الإصغاء لسماع وفهم ضجيج همساتها!!

أنظر إلى النص التالي، كيف يؤكد الشاعر على الذاكرة الداخلية فينا والوعي العفوي الذي يركز على الأهم فالمهم، تماما مثلما نحفظ وجوه الناس وننسى أسماءها، لان الوجوه تحفر فينا عميقا، فنقول أين رأيته هذا يشبه ذاك، إنها العلاقة بين الثابت فينا والمتغير بين المتداخل وغير القابل للامتزاج، إنه صورة ظاهرة للأشياء التي نحبها ونعتاد عليها فنسميها حسب شعورنا نحوها لا حسب أسمائها الحقيقية أو حتى نربطها بأحداث سارة أو مؤلمة، إنها الأشياء التي تفرض علينا بوجوهها فنبتكر لها وجوها أخرى حسب رؤيتنا وإحساسنا بها، وهناك صورة أخرى كامنة خفية تؤكد: أن الأقوال ليست كالأفعال وأن الحقيقة تفرض ذاتها رغم كل الأوهام التي تغلفها مرغمة، وأن الرؤيا تتشكل عبر رؤية عابرة بملامح جديدة خاصة بنا وحدنا، فمهما فرضوا على الأشياء أسماء جديدة لتغيير صفاتها أو نزعوا أسماءها أو حرموها لتغيير صورتها في عيوننا وقطع جذورها في ذاكرة أرواحنا، فإن عيوننا تحفظها عن ظهر قلب وتظهر كما هي في عيوننا الصامتة.

شوارع بلا أسماء،
عيوننا
أسماؤها

لحظـة الجنون التي لا تفرق بين الأشياء إلا من خلال تأثيرها في الوجود، ووزنها فوق ميزان الصواب والخطأ، فالشاعر الحقيقي يبحث عبر إبداعه، عن وسادةٍ في مزارع الشمس لقطن السماء، ليكون أقرب للنجوم التي لا تقترب من وجعه اليومي في النهار، فالليل حليفه الأزلي، في كلّ معركة لا تنتهي، مع أنها تأتي وتذهب خاسرة!!

الشاعر يملك عينين يرى الأشياء من خلالهما بشكل مختلف تماما عما يراه الآخرون، إنها نفس عين الطفل الذي يرى في المكنسة حصاناً، وفي الغيمة طائرة فالشاعر الحقيقي طفل لا يكبر فيه سوى قاموس اللغة وحقول المعرفة!!

الشاعر الحقيقي يكره الأشياء التي يجري خلفها الآخرون، لأنهم قد ينجحون في الوصول إليها، لذا يبحث ويصف الأشياء المستحيلة التي لا يجرؤ أن يجري وراءها أحد، ويجري خلفها بنية عدم الوصول!!

زرقة البحر،
يغطي عيون النوارس
دخان إنفجار المرفأ

جدول صغير،
بلا صدى، صوت البط
يكسر الهدير

شلّال،
أَ كلُّ هذا الهدير
لتنزل إلى القاع؟!

لحظـة الحزن والفقد، فالشاعر بارع بالبكاء عنا جميعا، ولا يترك لنا إلا الصمت الكثيف، والدهشة التي لا تنتهي فينا، عند اشتعال عيوننا بكبريت ألفاظه الحادة في بساطتها حد خدش أرواحنا،

وبدء نزيف دموع في قلوبنا، لا نعرف متى سينتهي!!

يمر الشاعر بالحزن بمراحله الخمس حسب نموذج (كيوبلر روس) كالناس العاديين: (الإنكار، الغضب، المساومة، الاكتئاب، التقبل)، ولكنه يختلف عنهم بأنه يمر بهذه المراحل دفعة واحدة في لحظة واحدة في قصيدة واحدة، ويسقط الشاعر المرحلة الأخيرة ويؤجل الوصول إليها حتى الموت، لأن الحزن هو طاقة الشاعر الروحية التي تحرك في داخله محرك الخيال الذي يعمل على وقود الحزن،

لذا فحزن شاعر واحد يملأ الكون ويزيد!!

فالشاعر يؤمن أن الدموع وضوء العينين، قبل صلاة القلب في معبد الحزن، حيث يرتفع البكاء بالأدعية الصامتة، وتنهدات الحسرة والندم، على أشواك الخشوع المؤلمة!!

أمس فقط
كانت الفراشات هنا،
قبل جَزّ الحشائش

أنين الريح،
لا يواسيها غير
خشخشة أوراق الخريف

ثورة تشرين،
تتزيّن شجرة الميلاد
بقايا الانفجار

على السطح،
يطيِّر سرب حمام
طفل بيد مبتورة

لحظـة الحب تولد كل لحظة في قلب الشاعر، فهي غذاؤه الروحي الذي يعطيه القدرة على الاستمرار في الإبداع، فهو يلعب بفرشاة الوهم كما يريد، وعندما ينتهي، يكتشف أن الألوان بين يديه تغيرت ألوانها إلى لون وحيد فريد خاص به وحده اسمه (لون الحب)!!

الحب ليست جريمة نشعر بالذنب والندم بعد ارتكابها، الحب هو ترجمة سريعة للمحبة يفهمها حتى العاجزين عن القراءة والكتابة، الحب هو الضوء الوحيد الذي تراه حتى وأنت مغمض العينين لأنه لا يحتاج سوى عين القلب لرؤيته، روح الشاعر نافذة مفتوحة للأبد لكل الأرواح التي تعشق بعضها، أما قلب الشاعر فهو مخصص للنساء الرائعات اللواتي يتركن بصمات لا تزول، على زجاج الأرواح الهشة والقابلة للكسر بكل سهولة!!

الحياة فن تماماً كغيرها من الفنون، عليك أن تتعلمها بنفسك من كتاب أو من أحدهم، المهم عليك أن تتعلم كيف تحيا وتتذوق الحياة، فالحياة أن تحيا لا أن تعيش فقط... وكذلك الحب!!

كل الأغصان ثابتة

ما عدا الغصن الذي،

عليه عصفوران

إشراقة الشمس،
تُضئ الشرفة
شجرة الميلاد

متر ونصف،

لا يمنعني من الغرق

في بحر عينيك

لحظة حنين، هي كنز الشاعر الذي يكبر دائما لديه ولا ينتهي، بسبب إدمان الشاعر على سرقة الأحجار الكريمة وجواهر الحزن من خزائن الراحلين إلى عالم الغياب، الشاعر مصنع الحنين إلى كل ما يجلب اللحظات التي تولد مرة واحدة وتختفي إلى الأبد في أمنياتنا!!

الشاعر سيِّدُ الذكريات التي لا تنطفئ، والهموم التي تأبى المسير إلا في براري وأزقة أحلامنا التي تأبى أن تجيء وحدها! إن الابتعاد عمن نحب، حتى لو كان بسبب الغضب أو الحزن أو حتى الانشغال غير المقصود بالعمل والحياة. ليس أكثر من وسيلة تعبير مبتكرة عن الحب، إنها صيحة مكتومة نبلعها قاصدين وهي تجرح حناجرنا، كي نهمس في أرواح من نحبهم: (نحبكم أكثر وأكثر)، ولكن المشكلة دائما تظهر، عندما نكتشف أن الأذنين تماما كالعينين، لا تسمعان إلا ما تريدان فقط!!

إن البعيد عن العين بعيد عن القلب مهما كان قريبا من الأذنين، فحاجة الجسد ليست كحاجة الروح، إن البعد الحقيقي هو البعد عن اللمس، الحواس كلها تتآمر مع بعضها في حالة الغياب، فيزداد حضورنا في قلوب من نحبهم ويحبوننا، فيزداد الغضب فينا والحزن علينا أكثر وأكثر!!

مطر مطر،
ثقيلة بتلات الزهرة
وجفون أمي

وفي نهاية هذه الرحلة العابرة في لحظات عابرة أقول:

إن اللحظات تتناسخ عنها ومنها لحظات جديدة مبتكرة تماما، لأن اللحظة معنى في حد ذاتها، والمعاني خصبة حد الجنون، فتلد معان جديدة دائما، والمعاني يتغير معناها إذا التقت بمعان جديدة أو اتحدت بها، أو حتى إذا تغير فيها جزء من ألفاظ زينتها وكلمات ثيابها، لذا توقفت هنا فقط، عند بعض المعاني العابرة في ألفاظها والخالدة في تأثيرها في أرواحنا وأجسادنا، ولا أنكر أنني تركت لكم في الديوان هنا، الكثير من جواهر المعاني الكامنة والظاهرة، لأنني أعشق رؤية الآخرين يحفرون في تربة النصوص لإيجادها والتمتع باكتشافها وامتلاكها!!

محمود الرجبي

الأردن في الثاني عشر من كانون الأول من عام 2020

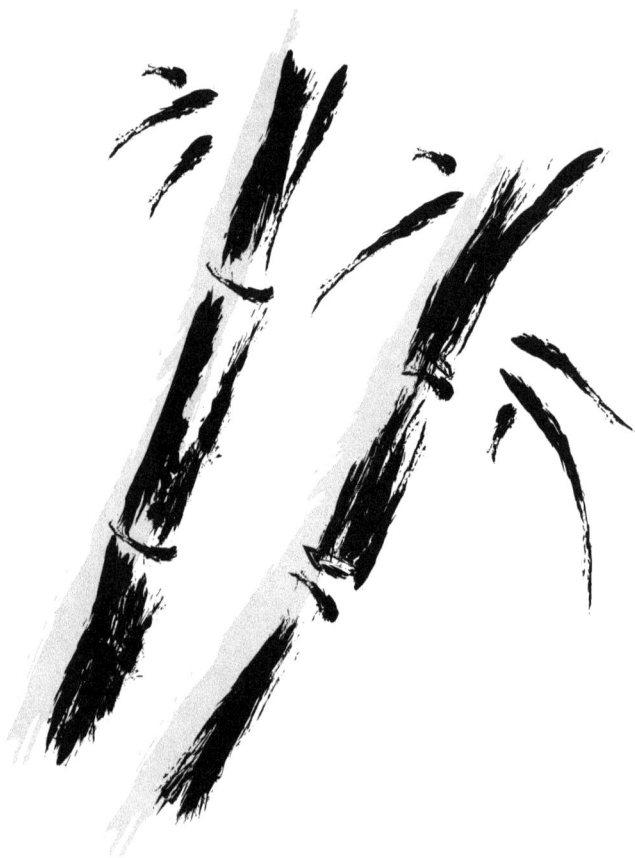

الطبيعة والجمال في شعر الهايكست سرهد هوزايا

قراءات وتأويلات بقلم الأستاذ حسني التهامي**

** حسني التهامي: من مواليد المنوفية / جمهورية مصر العربية عام 1969. تخرج من قسم اللغة الإنجليزية التخصص الجامعي؛ كلية الآداب. شاعر وقاص وكاتب مسرحي ومترجم، حصل على عدة جوائز في مجال الشعر والمسرح والقصة.

مؤلفاته:

1. زنبقة من دمي
2. الصبار على غير عادته
3. أشجارنا ترتع كالغزال
4. رواية/ المطر وأشياء أخرى

إصداراته في الهايكو:

1. رقصة القرابين الأخيرة
2. وشم على الخاصرة
3. مزار الأقحوان

أعمال أخرى:

1. قصائد مترجمة للشاعر الأميركي لينجستون هيوز
2. ترجمة إلى العربية الكثير من القصائد العالمية
3. ويشرف على موقع هايكو مصر
4. بالإضافة إلى إشرافه على منتدى Arab Haiku Society

أصبح شعر الهايكو يستهوي الكثيرين من شعراء العربية، كما أسر من قبلُ ذائقةَ شعراء الغرب في أوائل القرن العشرين، ويرجع ذلك إلى بساطة هذا الفن وعمق أفكاره وقدرته على تجسيد التجارب الإنسانية في سطورٍ قليلةٍ غاية في الاختزال والتكثيف، كما أن هذا النص الموجز يتماشي إلى حد بعيد مع روح العصر المتسارعة التي دخلت تفاصيلُها في مفردات معجّمهم الشعري، ناهيك عن الرغبة الحقيقية لهؤلاء الشعراء في خوض تجربة شعرية جديدة يرون فيها حقلاً خصباً للإبداع الحقيقي لإثراء المشهد الشعري في العالم العربي.

يرتبط الهايكو في الأساس بالطبيعة، فهو شعورٌ إنسانيٌ يتمُ التعبير عنه بالصور الحسية التي تنقل بهاء الكون اللا متناهي. على هذا الأساس تحتوي معظم نصوص ماتسو باشو Matsu Basho (1644 - 1694) المؤسس الفعلي للهايكو وغيره من كبار شعراء اليابان مثل يوسا بوسون وكيوباشي إيسا على كلمة موسمية "كيغو"، سواء أكانت مباشرة أو ضمنية، وارتباط اليابانيين بالطبيعة له أساس ديني؛ حيث إنهم كانوا يقدسونها ويرفعونها إلى مكانة الآلهة؛ فالوردة بالنسبة لهم ليست مصدرا للجمال الطبيعي فحسب، لكنّ لها كيانا ومعنىً وجوديا. تكاد تكون زهرة الكرز هي الوحيدة التي تعبر عن الجمال في الشعر الياباني؛ تلك الزهرة لها علاقة روحية بأرواح آلهة الكامي والشنتو منذ القدم.

يعد ديوان "هارمونيكا" للشاعر سرهد هوزايا واحداً من كتب الهايكو الإبداعية التي سلطت الضوء على الطبيعة

وتناولت تفاصيلها الجمالية ودقائقها وتنوع كائناتها المدهشة؛ حيث يصور الهايكست هذا العالم الطبيعي في سكونه وصخبه، وتمتزج ذات الشاعر أثناء رحلته لاستكشاف جوهر الأشياء مع كل ما هو كوني، تلك الرحلة وإن كانت لمعرفة حقيقة الأشياء، فهي في الواقع رحلة لاكتشاف الذات وبعدها الإنساني.

شجيرة خضراء،
الزهرة الملتصقة بها
من شجرة تظللها

تبدو الطبيعة في حالة من الوئام في مشهد رومنسي شفيف يعكس حالة الهدوء الداخلي لدي الهايكست، حيث يلفت انتباهه تلك الزهرة الملتصقة بالشجيرة فتضفى عليها بهاء طبيعيا وجمالا آسراً. في الطبيعة لا تكمن فتنة الجمال فحسب، بل تتبدى لحظات الخلود والكمال الروحي. ترمز تلك الشجرة في قفلة النص التي يمتد فيئُها وتتناثر أزهارها إلى العطاء الأبدي للطبيعة.

كم أشتاقُ أن أرى
بين زهورِ الصباحِ
وجهَ اللهِ!

(باشو)

نص آخر يُظهر حالة التماهي والتعاطف مع الطبيعة، يقول سرهد هوزايا:

لِمَ خفّضت السرعة
أيتها الفراشة،
إنها بالونات؟

تلك الفراشة التي تتخذ من الطبيعة باحة فسيحة للتنقل والتنزه والتحليق، تستشعر دائما خطر المغامرة، لذا فهي دائما حذرة تجاه عبث الإنسان ومطارداته لها. يعكس النص الجمال الطبيعي وبراءة الحياة وفتنتها في بدء الخليقة وقبل أن تمتد يد الإنسان لتفسد جمال الحياة وتبدد بهاء رونقها، وتنشر حالة من الخوف في قلب الكائنات، فينمحي أثر السكينة والهدوء. من هذا المنطلق تتماهى الذات الشاعرة مع الطبيعة في لحظة جمالية، وغاية هذا الامتزاجِ الرغبة الملحة في الولوج إلى روح الكائنات وجوهرها، وهي بمَثابة رحلة حقيقية لاستكناه الذات الإنسانية والوقوف على مكنوناتها. يخاطب الشاعر الفراشة ويطلب منها أن تحلق طليقة، فكل ما رأته مجردُ بالونات أطلقها الأطفال تعبيرا عن البهجة والمرح. يدعو الهايكست - في هذا النص الموجز - إلى التوحد مع العالم الخارجي بدلا من محاولة السيطرة عليه وتشويه بهائه وصفائه الروحي.

تستمر هذه الحميمية بين الذات الشاعرة والطبيعة حد التساؤل والتعجب من فعل التفاصيل الكونية المدهش:

شلّال،
أَ كلُّ هذا الهدير
لتنزل إلى القاع؟!

فهدير الشلال وصخبه رغبة في الهبوط من العلياء إلى القاع، ومن هنا تأتي المفارقة. وعلى الرغم من أن الهايكست استخدم لغة بسيطة بعيدة عن المجاز الصريح والتعبير عن المشاعر المباشرة، فإنه يترك الطبيعة تعبر عن ذاتها؛ وبذلك ينتهج طريقة باشو في التعبير عن الأشياء وتصويرها كما هي حين يقول: "إذا أردت أن تتعرف على شجرة الصنوبر، فاذهب إليها"، وليس القصد هنا تصوير الأشياء من الخارج، لكن محاولة الوصول إلى جوهرها وجمالها الحقيقي.

في هذا النص يعتمد الهايكست التوريوازاة أحادية البنية على الرغم من وجود علامات القطع (الكانا) في السطر الأخير، والتي عادة ما تكون علامة استفهام أو تعجب، فالنص عبارة عن مشهد واحد متناغم البنية؛ وهو منظر الشلال بصوته الهادر وقت هبوطه إلى سطح البحيرة من على قمة الجبل.

ينوع الهايكست من قصائده التي تارة ما تكون هايكو خالصا يحمل الخصائص الكلاسيكية من مشهدية حسية، كيغو، تنح وبساطة واختزال:

على البحيرة،
فرخ البط يَسحَلْ
وجه القمر

هنا لا يتدخل الهايكست في مجريات الحدث، بل يترك الطبيعة تتحدث عن ذاتها، فليس ثمة صوت للشاعر في النص أو تدفق للمشاعر الجياشة؛ تتكون الصورة من تفاصيل المحيط الكوني (بحيرة / فرخ البط/ قمر). يتسم النص بالبساطة على الرغم من أن الفعل "يسحل" يصنع صورة مجازية، ويعبر عن حالة الهياج التي تسيطر على فرخ البط ربما لرؤية القمر أو لعراكه مع فرخ آخر.

أحيانا أخرى ينتقل الهايجن إلى قصيدة السنريو التي يرجع نسبُها إلى Karai Senryú (1718 - 1790)، في هذا اللون الشعري – على عكس الهايكو - يعبر الشاعر عن المشاعر الإنسانية المباشرة ويستخدم لغة مجازية ويؤنسن الأشياء:

مترٌ ونصف،
لا يمنعني من الغرق
في بحر عينيك

يحمل النص مسحة عاطفية شفيفة تعكس حالة الحب، ويخلو تماما من دقائق الطبيعة أو من الكلمة الموسمية. وإن كانت قصيدة السنريو لا تعمد إلى المشهدية وتتفجر من خلال الكلمات أحاسيس مباشرة إلا أن معظم النصوص الفارقة فيها غالبا ما تحتوي على مادة حسية من المحيط البيئي تثير تلك المشاعر وتترك أثراً عميقاً في المتلقي؛ فعبارة "متر ونصف" هي محور النص ومحرك أساسي للمشاعروالعاطفة؛ حيث لا يمنع وجود هذه المسافة فعل الغرق في عيني الحبيب.

يمزج الهايكست أحياناً الكوني مع البشري، وهذا النوع من النصوص يُطلق عليه الشاعر جورج سويد المؤسس لـ "هايكو كندا" "الهايكو الهجين Hybrid Haiku":

شرخٌ في الحائط،
يغيّر لون الغصن الأخضر
بول الكلاب

في النص مزيج بين عنصري الطبيعة متمثلا في عبارة "الغصن الأخضر"، وهي كيغو ضمني يشير إلى الربيع، والعنصر البشري يعبر عنه الهايجن بعبارة "شرخ في الحائط" التي هي أثر إنساني.

قبعة المتسول،
أول قطعتين نقديتين
من جيبه

ينتمي النص إلى الهايكو الحداثي الذي أطلق عليه الشاعر الياباني "بانيا ناتسويشي" Ban'ya Natsuishi "هايكو العالم"، في هذا الضرب الشعري يمكن للشاعر أن يتخلى عن الطبيعة كمكون أساسي للهايكو ويستبدل عناصرها بالتفاصيل الحياتية اليومية، وهذا ما فعله الهايكست سرهد هوزايا حين تطرق إلى تفاصيل المحيط البيئي؛ فقد استعاض عن المكون الطبيعي بأشياء من الواقع الحياتي (قبعة المتسول / جيبه / قطع النقود)، كل هذه التفاصيل هي المُكوّن الأساسي لمشهدية النص.

مختتم:

تعد الطبيعة مكونا أساسياً لقصيدة الهايكو بشكل عام، وفي ديوان "هارمونيكا" نسمع أصواتها المتنوعة ونرى ألونها الساحرة المدهشة. تمتزج ذات الشاعر مع العالم الكوني، في رحلة غايتها اكتشاف الجمال الحقيقي واستكناه حقيقة الذات الإنسانية. ومما لا شك فيه فإن الهايكو هو شعر الطبيعة بامتياز، ومن دقائقها وحركات كائناتها يقتنص الشاعر اللحظة الجمالية عندما يحدث نوع من الشرارة الذهنية "الساتوري" أو الاستنارة، وهذه الشرارة هي ما تجعل النص عالقا في مخيلة القارئ، عصيا على النسيان.

مفردات سريانية

(1) ܒܥܩܒܘܬܐ: بالتعاقب

(2) ܙܥܦܬܐ: دفعة

(3) ܡܫܩܠܐ: مرحلة

(4) ܫܢܝܘܬܐ: التنحي

(5) ܦܫܝܛܘܬܐ: البساطة

(6) ܗܫܝܘܬܐ: الآنية

(7) ܬܡܗܘܬܐ: الدهشة

(8) ܐܣܟܐ: فصل من السنة

(9) ܚܙܘܐ: مشهد

(10) ܒܚܝܪܘܬܐ: البصيرة

(11) ܫܐܝܠܘܬܐ: المجازية

(12) ܬܦܢܪܐ ܕ ܐܪܥܐ: الكرة الأرضية

(13) ܢܛܘܠܒܐ: قطرة الندى

(14) ܟܪܟ: يطوف ويجول

(15) ܫܒܠܬ: عشقت

(16) ܐܕܫܐ: صنف

(17) ܒܪܘܠܐ: لؤلؤة

(18) ܙܠܦܬܐ: محارة

(19) ܩ̈ܩܐ: بجع (جمع بجعة)

(20) ܢܒܪ̈ܐ: ذرات (جمع ذرة)

مفردات سريانية

مائل	(21) ܢܝܶܦ̈ܐ:
جمع (المارة)	(22) ܦ̈ܗܘܡܝ̈ܐ:
صدى	(23) ܚܕܪܠܐ:
يا ترى	(24) ܐܘܪ̈ܐ:
الخرير أو الهدير	(25) ܪܘܕܘܪ̈ܐ:
الصنبور	(26) ܩܚܡܘܢܐ:
شلال	(27) ܢܘܪܦܕܝ:
منعشة	(28) ܩܝܗܚܝܐ:
شكل	(29) ܐܗܚܡܚܐ:
إيجاز	(30) ܡܩܗܡܐ:
التكثيف	(31) ܠܚܚܕܘܗܐܝ:
ضجيج	(32) ܕܗܚܐ:
تعصف	(33) ܒܘܕܩܚ:
متوغلين	(34) ܟܚܘܝܐ:
مؤثر ومتأثر	(35) ܠܚܚܕܐ ܘ ܡܚܠܚܕܐ:
الطبيعة	(36) ܚܝܢܦܐ:
الذات	(37) ܢܓܐܪ̈ܐ:
رواد (جمع رائد)	(38) ܚܚܘܓܐ:
ينبثق	(39) ܩܚܓܩܐ:
مبارزة	(40) ܠܘܪܕܘܡܓܐܪ̈ܐ:

I0150126